Historia de Irlanda

Una guía fascinante de la historia de Irlanda

© Copyright 2021

Todos los derechos reservados. Ninguna parte de este libro puede ser reproducida de ninguna forma sin el permiso escrito del autor. Los revisores pueden citar breves pasajes en las reseñas.

Descargo de responsabilidad: Ninguna parte de esta publicación puede ser reproducida o transmitida de ninguna forma o por ningún medio, mecánico o electrónico, incluyendo fotocopias o grabaciones, o por ningún sistema de almacenamiento y recuperación de información, o transmitida por correo electrónico sin permiso escrito del editor.

Si bien se ha hecho todo lo posible por verificar la información proporcionada en esta publicación, ni el autor ni el editor asumen responsabilidad alguna por los errores, omisiones o interpretaciones contrarias al tema aquí tratado.

Este libro es solo para fines de entretenimiento. Las opiniones expresadas son únicamente las del autor y no deben tomarse como instrucciones u órdenes de expertos. El lector es responsable de sus propias acciones.

La adhesión a todas las leyes y regulaciones aplicables, incluyendo las leyes internacionales, federales, estatales y locales que rigen la concesión de licencias profesionales, las prácticas comerciales, la publicidad y todos los demás aspectos de la realización de negocios en los EE. UU., Canadá, Reino Unido o cualquier otra jurisdicción es responsabilidad exclusiva del comprador o del lector.

Ni el autor ni el editor asumen responsabilidad alguna en nombre del comprador o lector de estos materiales. Cualquier desaire percibido de cualquier individuo u organización es puramente involuntario.

Índice

INTRODUCCIÓN 1
CAPÍTULO 1 - LOS PRIMEROS HABITANTES DE LA ISLA 4
CAPÍTULO 2 - EL CRISTIANISMO EN IRLANDA 21
CAPÍTULO 3 - LOS VIKINGOS EN IRLANDA 32
CAPÍTULO 4 - LA INVASIÓN NORMANDA 46
CAPÍTULO 5 - EL PODER PROTESTANTE EN IRLANDA 68
CAPÍTULO 6 - LA ASCENDENCIA PROTESTANTE 95
CAPÍTULO 7 - EL ACTA DE UNIÓN Y LA GRAN HAMBRUNA 115
CAPÍTULO 8 - LA LUCHA POR LA INDEPENDENCIA 130
CAPÍTULO 9 - LA CREACIÓN DE LA IRLANDA MODERNA 155
CAPÍTULO 10 - LA HISTORIA CONTEMPORÁNEA DE
IRLANDA 178
CONCLUSIÓN 197
VEA MÁS LIBROS ESCRITOS POR CAPTIVATING HISTORY 199
REFERENCIAS 200

Introducción

La historia de Irlanda (Éire, en irlandés) es una historia de siglos de conflicto, división y aislamiento. Esto se percibe incluso en los mitos y leyendas irlandeses que hablan de las primeras guerras entre los antiguos pobladores —los mágicos y místicos Tuatha Dé Danann— y los recién llegados, los celtas que pretendían crear sus asentamientos permanentes en la isla. Irlanda es una isla, aislada geográficamente de Europa, y al mismo tiempo representa la frontera europea occidental. Como tal, la isla estaba separada cultural, económica y políticamente del resto del continente. En determinados periodos, ni siquiera la remota Irlanda pudo evitar la influencia de los principales acontecimientos del mundo, como el Imperio romano, la expansión del cristianismo o las dos guerras mundiales. Pero la mayor parte del tiempo, Irlanda fue uno de los últimos lugares en verse afectados por los vaivenes de las civilizaciones europeas. Sin embargo, existen casos en los que Irlanda fue el origen de acontecimientos de gran importancia para la historia de Europa. Los monjes irlandeses, que se extendieron primero por el continente, llevaron las influencias culturales irlandesas y actuaron como uno de los primeros mensajeros del cristianismo.

Pero la proximidad de Irlanda a Gran Bretaña resultó ser lo más determinante para el desarrollo de los acontecimientos en la isla. Desde la época medieval, los pueblos de las dos islas interactuaron; lucharon, pero también intercambiaron culturas y dieron forma a sus respectivas naciones. La colonización política y cultural de Irlanda se intensificó durante el siglo XVI y culminó en el XVIII, cuando Irlanda fue absorbida por Gran Bretaña. Con grandes diferencias, los irlandeses se defendieron. Querían conservar sus antiguas costumbres, su cultura nativa, su sistema social y sus propias leyes Brehon. Y lo que es más importante, los irlandeses se esforzaron por conservar su propia identidad étnica. Esta identidad se definía por unas tradiciones, una lengua y un catolicismo muy marcados que, aunque se adoptaron en el siglo V, se convirtieron en la base misma de la sociedad irlandesa.

A finales del siglo XVIII, los irlandeses consiguieron varios grados de autonomía mediante actividades políticas. Tras dos siglos de larga y sangrienta lucha, consiguieron la independencia. Durante la mayor parte de la lucha, los irlandeses estuvieron en el bando perdedor, pero sobrevivieron. Al final, consiguieron asegurarse el derecho al autogobierno y a la identidad propia. Sin embargo, el país sigue dividido aún hoy en día. Irlanda del Sur es un país soberano, aunque con vínculos especiales con el norte y con Gran Bretaña. Irlanda del Norte sigue formando parte del Reino Unido y, como tal, prospera de forma diferenciada. Pero como comparte tradición, cultura e historia tanto con la República de Irlanda como con el Reino Unido, el Norte tiene especial cuidado en mantener sus vínculos con ambos países.

La Irlanda actual es un lugar próspero, su nación está abierta al mundo y se siente a gusto con la realidad del patrimonio compartido. El inglés se ha convertido en la lengua dominante, pero el gaélico irlandés es muy apreciado y tiene una amplia y viva presencia en la isla. Quizá gracias a esta herencia bicultural, Irlanda ha producido algunos de los mejores escritores, pintores, bailarines y músicos del mundo. El mundo entero puede ahora disfrutar del tradicional Riverdance irlandés, leer las grandes novelas de James Joyce y Oscar Wilde, y escuchar las etéreas voces de Enya o Dolores O'Riordan (vocalista de los Cranberries). El fin del conflicto en el Norte, así como el progreso económico y social, han traído una prosperidad floreciente a Irlanda, y el país sigue avanzando hacia el futuro. Atractiva para muchos, Irlanda se convirtió en un refugio para varios inmigrantes y refugiados. Hoy en día, muchos occidentales deciden establecerse en la isla Esmeralda, tan a menudo romántica en las historias de antaño. El rápido salto que dio Irlanda de ser un país ahogado en la pobreza y la guerra civil a una república moderna y económicamente estable también la convierte en uno de los lugares más atractivos para vivir en la actualidad.

Capítulo 1 - Los primeros habitantes de la isla

Lia Fái,1 la piedra de coronación de los altos reyes en la Colina de Tara

https://en.wikipedia.org/wiki/List_of_High_Kings_of_Ireland#/media/File:Lia_Fail.jpg

No existen pruebas sólidas que confirmen la existencia de personas en Irlanda durante el Paleolítico o la Antigua Edad de Piedra. Se cree que la isla estaba deshabitada hace aproximadamente entre 20.000 y 15.000 años. Los primeros pobladores llegaron entre el 7500 y el 3300 a. C., durante un periodo conocido como la Edad de Piedra Media. Eran cazadores, recolectores y pescadores que procedían de las costas de Gales, Inglaterra y Escocia. Los científicos no se ponen de acuerdo sobre la forma en que estos primeros pueblos viajaron a Irlanda. Hoy sabemos que Inglaterra e Irlanda estaban conectadas por tierra, pero los científicos siguen debatiendo sobre el momento exacto en que se separaron las dos masas continentales. Es posible que los primeros pobladores de Irlanda utilizaran esta conexión terrestre para viajar. Sin embargo, también es posible que Irlanda se separara de Inglaterra incluso antes de la existencia de los primeros humanos. En ese caso, los primeros pobladores habrían tenido que utilizar embarcaciones para cruzar las aguas entre las dos islas. Si navegaron, probablemente cruzaron primero el canal del Norte, de Escocia a Irlanda. Aquí, las dos costas están tan cercanas que, en un día soleado, se pueden ver las colinas de Irlanda al otro lado del mar. Otros colonos podrían haber navegado en barcos desde la costa del noroeste de Inglaterra y Gales. Los primeros asentamientos se levantaron a lo largo de la costa, donde la gente tenía fácil acceso al mar y a la pesca. Pero no limitaban su fuente de alimentación a lo que les ofrecía el mar. También eran cazadores-recolectores y se aventuraron hacia el interior en busca de caza y alimentos del bosque. A partir de aquí, los primeros pobladores de Irlanda se desplazaron a lo largo de las corrientes de los ríos y arroyos para llegar a las tierras interiores de la isla.

Se sabe muy poco sobre estos primeros pobladores de Irlanda, y los trabajos arqueológicos continúan. Aun así, el yacimiento mesolítico de Mount Sandel, en el condado de Londonderry, nos ha permitido conocer la vida de los primeros pobladores de

Irlanda. En la década de 1970, los arqueólogos encontraron restos de un asentamiento en este lugar, que la datación por radiocarbono situó en algún momento entre el 7010 a. C. y el 6460 a. C. Esto lo convierte en el asentamiento más antiguo encontrado en Irlanda. También es anterior a cualquiera de los asentamientos encontrados en Gran Bretaña. Las pruebas encontradas en Mount Sandel sugieren que las casas construidas por estos primeros pobladores eran redondas, hechas con troncos de árboles que se doblaban hacia dentro. Estas viviendas estaban cubiertas con pieles de animales, y en el centro de cada una había una chimenea. Los huesos encontrados alrededor de las chimeneas sugieren qué tipo de alimentos comían. En su mayoría son huesos de pescado, patos, palomas y cerdos, pero también se encontraron restos de anguilas, así como conchas marinas. En este lugar de excavación también se han encontrado sílex dispersos y diversas herramientas como leznas, raspadores, picadores y cinceles. No existen muchas pruebas que cubran el periodo de transición entre el Mesolítico temprano y el tardío, pero el diseño de las herramientas de piedra cambió significativamente. Los irlandeses empezaron a utilizar hachas más grandes y pesadas, así como barrenos más pesados, que fueron datados por radiocarbono entre 6240 a. C. y 3465 a. C. Este es el periodo en el que se especula que desapareció el puente terrestre entre Gran Bretaña e Irlanda, si es que alguna vez existió. Es bastante evidente que se concentraron varios asentamientos en la costa, pero sigue siendo un misterio si hubo algún viaje a través de las aguas. A partir de este período, se hace evidente que los primeros colonos comenzaron a desplazarse hacia el centro de Irlanda en mayor número. Las secciones occidentales de Munster ya estaban habitadas en este periodo, y existen pruebas significativas que sugieren que los movimientos de la gente llegaron hasta el final de la península de Dingle.

Los primeros pobladores de Irlanda se fueron extendiendo por toda la isla. Incluso fueron más allá y habitaron las pequeñas islas que rodean Irlanda. Siempre hacían sus asentamientos cerca del agua y de los bosques para poder acceder fácilmente a los recursos que utilizaban, pero también estaban siempre dispuestos a desplazarse en busca de nuevos recursos. Nunca fundaron pueblos o ciudades más grandes; se dividieron en pequeños grupos de personas, satisfechos con su modo de vida sencillo y nómada. Pero, hacia el año 3000 a. C., los primeros habitantes de Irlanda conocieron a nuevos colonos, que venían de lejos y traían un nuevo y revolucionario modo de vida: la agricultura.

Existen pruebas sólidas que sugieren que una nueva afluencia de colonos llegó a Irlanda en algún momento después del año 3000 a. C. Es el comienzo del Neolítico (la Nueva Edad de Piedra), y se introdujo una nueva tecnología en Irlanda. Los primeros agricultores empezaron a labrar la tierra, iniciando un modo de vida más asentado. La producción de alimentos hizo que no fuera necesario desplazarse para encontrar recursos. Como los alimentos crecían en la tierra, la gente empezó a arraigarse en el lugar, creando verdaderas aldeas. Los habitantes de Irlanda empezaron a talar los bosques para adquirir la tierra necesaria para la producción de cultivos. La madera que cortaron resultó ser un material de construcción asombroso que dio solidez y durabilidad a un nuevo tipo de casa que empezó a surgir durante el Neolítico. Además de las casas, los irlandeses utilizaban la madera para fabricar muebles y cercar a los animales que empezaron a domesticar.

Los agricultores neolíticos ocuparon toda Irlanda, y sabemos de ellos gracias a los ricos yacimientos excavados, como Lough Gur, en el condado de Limerick. Estos agricultores eran personas innovadoras e ingeniosas que llegaron a la conclusión de que el suelo era más rico donde crecían los olmos. Así que construyeron sus asentamientos en las zonas más altas, sobre depósitos de piedra caliza, evitando las tierras bajas, que eran ricas en arcilla.

Combinaron el trabajo de la tierra con la cría de animales domésticos. El trigo y la cebada eran los cultivos más comunes, y durante este periodo neolítico comenzaron a producir queso. Los irlandeses aprendieron que trasladar el ganado a los pastos más altos durante el verano liberaría las tierras más bajas para los cultivos. En Irlanda, esta práctica se denomina "booleying", pero en español común la llamamos trashumancia. Las casas de los irlandeses neolíticos se construían en forma redonda o cuadrada con turba, con un armazón de madera, y algunas de las casas más grandes tenían cimientos de piedra. Las casas se agrupaban en aldeas, y las aldeas pertenecían a una comunidad más amplia que representaba una tribu. Las tribus no estaban aisladas. A menudo comerciaban entre ellas, guerreaban o se casaban. Las herramientas que utilizaban estos pueblos primitivos se hicieron aún más sofisticadas durante el Neolítico: las hachas eran más grandes y tenían formas diferentes según su finalidad, ya fuera cortar madera o arar la tierra. En toda Irlanda se encontraron husos con forma de tambor, lo que demuestra que también dominaban el arte de tejer. Al mismo tiempo, empezaron a fabricar joyas, brazaletes y cuentas de piedra, hueso y lignito, con los que se adornaban.

El periodo neolítico de la historia de Irlanda también nos ofrece los primeros atisbos de la antigua religión de la isla. Aún hoy podemos observar algunas de las viviendas monolíticas de piedra que los primeros irlandeses construyeron, no como sus casas, sino como lugar de descanso para sus muertos. Es posible que algunas de estas viviendas se utilizaran como templos donde adorar a sus deidades. Los lugares de sepultura no solo contienen restos humanos, sino también joyas, vasijas, armas y objetos relacionados con la alimentación. Es de suponer que estos objetos se dejaban para que los muertos pudieran utilizarlos en la otra vida. Estas tumbas eran de cuatro tipos diferentes: tumbas de portal o dolmen, tumbas de corte (que son las más sencillas), tumbas de cuña (las más antiguas) y tumbas de corredor (las más numerosas). Uno de los sepulcros más famosos descubiertos es el dolmen de Poulnabrone. Es inusualmente grande y tiene una enorme tapa sostenida por varias losas de piedra verticales. Esta tumba está fechada en torno al 2500 a. C. Pero las tumbas más impresionantes son las de corredor, llamadas así por el pasaje que conduce a la cámara funeraria principal. Las tumbas de corredor fueron los primeros edificios monolíticos de Europa, y se concentran sobre todo en las tierras medias, especialmente en el valle del Boyne. Toda la estructura de una tumba de corredor está cubierta de piedra y tierra, y suelen estar agrupadas en grandes cementerios. Por lo general, el cementerio tiene una gran tumba rodeada por una miríada de otras más pequeñas. La tumba de corredor más impresionante y famosa es la de Newgrange (en irlandés: Dún Fhearghusa), en el condado de Meath, construida alrededor del año 3200 a. C. Esta tumba es especialmente importante para la historia temprana de Irlanda porque es el supuesto lugar de sepultura de los reyes de Tara, reyes sagrados prehistóricos. Probablemente se trataba de un título ritual, pero reaparecería en el siglo IX. También se creía que Newgrange era el hogar de los Tuatha Dé Danann (el pueblo de la diosa Danu), un ser mítico que habitaba la isla antes de la llegada de los celtas. El pueblo de la diosa Danu era sobrenatural y poseía grandes poderes y habilidades. Sin embargo, según la mitología irlandesa, se retiraron a la clandestinidad con la llegada de los descendientes (humanos) de Noé, que sobrevivieron al diluvio. Los Tuatha Dé Danann siguieron viviendo y realizando grandes hazañas mágicas más allá de la comprensión de los mortales; sin embargo, involucionaron y se convirtieron en las pequeñas hadas y duendes de las leyendas irlandesas. El mito continúa diciendo que los primeros humanos que habitaron Irlanda eran conocidos como Milesianos porque eran hijos de Mil (su progenitor ancestral), y cuando los celtas llegaron en el 500 a. C., se mezclaron para crear los celtas gaélicos.

Las grandes tumbas de Irlanda son el testimonio de una sociedad tribal bien establecida con un sistema de creencias desarrollado. Algunas de las tumbas están ornamentadas, con tallas que simbolizan el cambio de las estaciones. Algunas están dedicadas al culto del sol, mientras que otras no son más que líneas y espirales ornamentales. En las primeras tumbas, los huesos humanos que se encontraron estaban todos quemados, lo que sugiere que practicaban la cremación. Pero eso cambió entre el 2000 y el 1200 a. C., cuando los irlandeses empezaron a enterrar a sus muertos sin quemarlos. Cada difunto era colocado en una tumba distintiva, a menudo junto con los objetos que poseía en vida, así como cerámica hecha específicamente para el entierro. Pero los historiadores aún no saben si se trataba de un nuevo grupo de personas que llegó a Irlanda e introdujo sus ritos funerarios o si los antiguos habitantes de la isla simplemente evolucionaron su sistema de creencias.

Con esta evolución del sistema de creencias del pueblo se produjeron muchos cambios, que son evidentes en los hallazgos arqueológicos. La cerámica se transformó en una cerámica de vaso típica de la Edad de Bronce. Las urnas que se enterraban junto a los muertos se llenaban ahora con restos de comida, y los difuntos eran enterrados junto a joyas de bronce, cuentas de loza y ámbar. La loza se importaba de Oriente Próximo, mientras que el ámbar se traía del Báltico. Es evidente que el pueblo irlandés empezó a reconocer y utilizar los minerales en lugar de la piedra. Los primeros artesanos del metal llegaron a Irlanda hacia el año 2500 a. C., y utilizaron fuentes naturales de oro y cobre, de las que Irlanda es rica. Es posible que intercambiaran los metales, en bruto o moldeados en piezas decorativas y herramientas, por los productos de Oriente Próximo y otras partes de Europa. También mezclaban el cobre con el estaño, importado de Cornualles (Inglaterra), para producir bronce. Como el bronce era más fuerte que el cobre o el oro, estos primeros habitantes de la isla empezaron a producir herramientas y armas de bronce, impulsándose en la Edad de Bronce.

Fue durante la Edad de Bronce cuando los habitantes de Irlanda empezaron a construir los *crannóg*, viviendas lacustres en islas construidas artificialmente. Este tipo de asentamiento seguiría existiendo hasta bien entrada la Edad Media. Pero no fue hasta el año 1300 cuando se introdujeron cambios significativos en las viviendas. Debido al cambio climático, que trajo muchas más lluvias a la isla, las ciénagas empezaron a extenderse. La gente se vio obligada a levantar sus casas sobre vías hechas con tablones de madera sostenidos por pilotes. Pero no solo se levantaron las casas. La gente también construyó caminos elevados para moverse con facilidad por las ciénagas. Durante miles de años, los irlandeses seguirían construyendo estos caminos. Los avances en la agricultura y la producción de herramientas llegaron alrededor del año 800 a. C. La innovación agrícola que cambió los cimientos de las granjas fue la introducción de arados tirados por bueyes. La gente ya no necesitaba pasar sus días trabajando la tierra con palas manuales. El nuevo arado aceleró el proceso de cultivo y permitió aumentar el suministro de alimentos.

El primer uso de herramientas de hierro en Irlanda se produjo en algún momento antes del 700 a. C., pero no fue hasta la llegada de los celtas cuando comenzó la verdadera Edad de Hierro. Pero los celtas no llegaron a Irlanda de forma repentina, sino que lo hicieron a lo largo de un largo periodo, que se estima entre el 700 a. C. y el 100 a. C. Los celtas llegaron desde Gran Bretaña y Europa continental y llevaron consigo armas y herramientas superiores, hechas de hierro. Pero los celtas no son un pueblo distinto: eran un grupo de pueblos indoeuropeos que compartían una lengua, una cultura y un modo de vida similares. Esta conexión lingüística y cultural de los celtas se discute a menudo en la comunidad científica, al igual que la dirección de su propagación por Europa. No obstante, fueron el último pueblo en llegar a Irlanda y se mezclaron con los antiguos pobladores para crear lo que hoy reconocemos como celtas gaélicos. Es posible que los primeros celtas llegaran a la isla en oleadas, ya que no hay pruebas de una invasión violenta. Estudiando los mitos y leyendas irlandeses, así como las características lingüísticas del grupo étnico, los historiadores concluyen que una de las primeras tribus celtas en llegar a Irlanda fue la de los Fir Bolg. Posiblemente se trate de un pueblo puramente mitológico, pero también podría estar relacionado con el pueblo belga, que vivía en el norte de la Galia, entre el canal de la Mancha y la orilla oeste del río Rin. Sabemos que los belgas se trasladaron a Inglaterra durante los primeros años de la Edad de Hierro, y es posible que un grupo de ellos, que se autodenominaba Fir Bolg, llegara a Irlanda. Pero esta historia temprana de los celtas en Gran Bretaña e Irlanda es muy especulativa porque los mitos se mezclan a menudo con la historia. Los celtas eran propensos a inventarse su historia para relacionar a los gobernantes con seres divinos y mitológicos. Mientras que los Fir Bolg se asentaron en el oeste de Irlanda, el noreste lo hicieron los Priteni o, como se les conoce en Irlanda, los Cruthin. También son un grupo de personas muy especulativo. Existen pruebas escritas de los Cruthin, pero datan de la época medieval temprana y no son fiables. Los primeros monjes irlandeses utilizaban este nombre para referirse a los primeros pobladores del noreste de Irlanda, pero también a los pictos de Escocia. El antiguo nombre escocés de los pictos era muy similar: *Cruthen.* Por ello, algunos historiadores creen hoy que los colonos del noreste de Irlanda eran efectivamente los pictos, un grupo de población de habla celta que ocupaba el este y el norte de Escocia.

Estos primeros celtas eran una minoría entre los nativos y tuvieron que utilizar sus habilidades para ganarse la confianza de la gente. Probablemente eran comerciantes y artesanos, y como trajeron consigo armas y herramientas de hierro mucho más duraderas y resistentes, ganaron prestigio. Pronto utilizaron este prestigio para arrebatar el poder a los líderes locales y convertirse en los nuevos jefes de grupos de pueblos localizados. Hacia el año 150 a. C., los celtas estaban bien establecidos en Irlanda. Trajeron consigo un sistema de creencias y unas instituciones de gobierno únicas, algunas de las cuales sobreviven aún hoy en la sociedad moderna de habla irlandesa. La estructura de poder social existía ciertamente antes de la llegada de los celtas, pero fueron ellos quienes establecieron por primera vez el sistema político y social de Irlanda. De la asimilación gradual de los pueblos asentados y los celtas surgieron los primeros reyes y héroes irlandeses. Los patrones de gobierno y vida establecidos por los celtas gaélicos emergentes perdurarían en Irlanda hasta la llegada de los normandos en el siglo XII.

Los primeros reyes y el surgimiento de la sociedad

Cuando el cristianismo se apoderó de Irlanda, la sociedad ya estaba bien establecida. Estaba formada por diferentes tipos de comunidades: clanes, tribus, septos y dinastías. Los clanes eran grupos de individuos unidos por el parentesco, la descendencia y el mismo apellido. Siempre habitaban el mismo territorio y eran similares a la familia extensa moderna. Los clanes se dividían en septos, o subclanes, si formaban parte de un gran clan. Numerosos clanes que ocupaban un mismo territorio formaban una tribu o una dinastía. La primera sociedad emergente estaba dirigida por un jefe o un rey (*rí*), que gobernaba un pequeño territorio agrícola y/o pastoril conocido en lengua irlandesa como *túath*. La palabra del rey debía ser obedecida dentro de su reino, y para mantener su posición y a su pueblo contento, debía ser un líder fuerte capaz de ganar batallas y dirigir incursiones. La violencia y las batallas eran constantes. Incluso en tiempos de paz, se inducían sacrificios humanos para complacer a diversas deidades. Los prisioneros de guerra se sacrificaban al dios de la guerra, mientras que en las temporadas de cosecha especialmente malas, se sacrificaban varios recién nacidos al dios de la cosecha. El alcance de la violencia que envolvía a la Irlanda primitiva puede verse incluso en el perro nacional, el Lobero irlandés. Hoy esta raza es solo un recuerdo lejano de lo que fueron sus antepasados. El Lobero irlandés se utilizaba no solo para la caza, sino también como compañero de batalla cuyo objetivo era derribar a los jinetes de sus monturas.

En sus inicios en Irlanda, la realeza no era hereditaria. Se otorgaba a individuos poderosos que mostraban una capacidad de liderazgo excepcional. Pero la realeza también tenía una cualidad sagrada, aunque no en todos los casos. Se creía que algunos reyes eran seres humanos impecables casados con la diosa de la tierra. Así eran los reyes de Tara. La colina de Tara es el lugar donde los reyes irlandeses fueron investidos, y el elemento sagrado de la realeza está estrechamente relacionado con este lugar. Su nombre completo es *Teamhair na Rí*, que se traduce como "Santuario de los Reyes". Todos los reyes tenían dos funciones principales: dirigir a su pueblo como jefe guerrero y gobernar su territorio mediante el *fír flaithemon*, la "verdad del gobernante". El gobierno de los antiguos reyes irlandeses incluía la fijación del valor de los impuestos y su recaudación, el mantenimiento de la ley y el orden, la organización de obras públicas y la dirección de la asamblea popular (*oénach*). Estas asambleas se celebraban al menos una vez al año y reunían a la gente de todo el reino para tratar asuntos tribales y de clanes. Pero estas asambleas también servían de celebración. Se celebraban diversas fiestas, se casaban o celebraban una victoria sobre otro reino. Se organizaban juegos y carreras de caballos. Lo más importante es que durante las asambleas se discutían las leyes o se cambiaban si era necesario, y se registraban las muertes.

La realeza seguía una estricta jerarquía, y los altos reyes gobernaban sobre los reyes menores. Los últimos tenían que pagar tributo a un señor mayor. La ley irlandesa establecía tres niveles distintos de realeza: *rí túaithe*, gobernante de un pequeño reino; *rúiri* o *rí túath*, gobernante de varios reinos pequeños (rey superior);

y *rí ruirech* o *rí cóicid*, gobernante de muchos reinos (rey superior provincial).

Sin embargo, los reyes provinciales no tardaron en convertir sus territorios en cinco federaciones diferentes. Se llamaron los Cinco Quintos, y los conocemos como Ulster, Connacht, Munster, Leinster y Meath. Meath y Leinster se fusionarían poco después, formando las cuatro provincias de Irlanda que conocemos hoy. En la pirámide de la realeza irlandesa hay otro título real más: *Ard Rí na hÉireann*, o el Alto Rey de Irlanda. Sin embargo, este título parece ser mitológico, ya que siempre se refiere a un único gobernante de la Irlanda pagana que unificó la tierra. En la actualidad, se cree que el título de alto rey se inventó en el siglo VIII de nuestra era para apaciguar a una Irlanda políticamente fragmentada. Pero en el siglo IX, el título se convirtió en una realidad política. Los reyes provinciales buscaban el título, y si uno de ellos era proclamado rey sagrado de Tara, reclamaba también la alta realeza.

Toda la historia de Irlanda antes del siglo V de nuestra era no está registrada. Esto significa que los historiadores deben basarse en los hallazgos arqueológicos, así como en los mitos, leyendas y poemas que memorizaban y contaban personas especiales conocidas como *seanachaidh*, los narradores o bardos. Los narradores podían memorizar hasta 300 historias y contarlas a las siguientes generaciones. Sin embargo, esta tradición transmitida oralmente es propensa a cambios, ya que cada narrador podía añadir o quitar información para crear una narración que se adaptara a la situación política del momento en un reino. Estos primeros mitos y leyendas se escribieron por primera vez en forma de saga en el siglo IX de nuestra era. Gracias a la tradición oral y a las sagas, algunos de los relatos irlandeses de antaño se conservaron, y hoy tenemos acceso a ellos. Uno de los primeros reyes mitológicos mencionados fue Túathal Techtmar, que regresó a Irlanda desde el exilio y derrotó a sus enemigos en Tara. Allí fundó su espléndida corte y el lugar tradicional de poder para los reyes que vinieron después. El primer rey mencionado que los historiadores creen que fue una figura histórica real es Cormac mac Airt. Posiblemente gobernó a principios o mediados del siglo III de nuestra era, y se dice que un famoso héroe irlandés, Fionn mac Cumhaill, vivió en la misma época. Los mitos y leyendas sobre estos dos personajes se mezclan con los hechos históricos, pero es difícil establecer una diferencia entre ambos. A partir de los relatos, podemos concluir que durante el reinado de Cormac mac Airt, hubo al menos una fuerza armada bajo el mando de Fion mac Cumhaill. Sin embargo, las hazañas atribuidas a estos héroes son a menudo mágicas: supuestamente derrotaron a un hada que respiraba fuego y a los druidas, sacerdotes paganos capaces de ejercer poderes mágicos. Pero la historia irlandesa temprana es un periodo de superstición, leyenda, sueños y rituales. Los druidas existieron, y adoraban a la naturaleza en sus arboledas sagradas. Eran los que realizaban sacrificios, la mayoría de las veces de cosechas y animales y, en menor medida, de seres humanos.

Mientras que los reyes y las asambleas eran la institución política central de un reino, el parentesco desempeñaba el mismo papel para la sociedad gaélica. Este parentesco se llamaba *derbfine*, que puede traducirse vagamente como "verdadera parentela". Una *derbfine* era un grupo de individuos que compartían un ancestro masculino común durante cuatro generaciones: una familia, en sentido amplio. El propósito de la *derbfine* era institucionalizar la propiedad y la herencia. La tierra era la riqueza más importante que podía poseer una familia, y se dividía a partes iguales entre sus miembros masculinos. Las mujeres no tenían derecho a poseer una propiedad ni a heredarla, aunque no tuvieran hermanos. En ese caso, la tierra se dividía entre los miembros masculinos de la familia ampliada. Las mujeres podían tener un interés en las tierras de su padre, pero solo durante su vida. Una vez muerto, la tierra pasaba únicamente a los varones de la *derbfine*. Asimismo, los individuos no tenían derechos personales ante la ley. Todo estaba sometido al parentesco, y solo como grupo podían disfrutar realmente de sus propiedades. Después del siglo III de nuestra era, la realeza tenía un sistema de herencia similar. Todos los miembros masculinos de la *derbfina* del rey anterior tenían derecho a reclamar la corona. Podían ser hijos, hermanos, sobrinos, primos y parientes del rey. Todo lo que tenían que hacer era demostrar su capacidad de liderazgo y pasar varias pruebas que demostraran su valía. Estas pruebas eran rituales e incluían juegos, como paseos en carro, en los que el candidato tenía que demostrar que era el mejor. Pero, a veces, bastaba con que un druida indujera a una persona (no candidata a la realeza) a un sueño sagrado en el que se revelaba quién de los candidatos debía ser elegido rey.

En la sociedad gaélica, la responsabilidad de hacer justicia correspondía al *brehon*. Estos eran eruditos de la ley y desempeñaban el papel de árbitros en las disputas. Los *brehon* gozaban de un elevado estatus social. Su sistema jurídico se basaba en el código *cin comhflhocuis*, que dictaba que una comunidad debía ser castigada por una fechoría de uno de sus miembros. Por tanto, si un miembro de la familia infringía la ley, toda la familia pagaba por ello. El pago podía hacerse en dinero, ganado o grano. El peor crimen posible era el asesinato de un pariente. Por este crimen, la familia podía elegir si quería un pago o una venganza de sangre. Los letrados de Brehon definían la división de la sociedad gaélica como un reino. La sociedad se componía así de reyes, señores y plebeyos. Los poderes y derechos legales se medían por el estatus social de cada uno. Pero la distinción entre los señores y los plebeyos era siempre fluida, ya que uno podía ascender o descender en la sociedad, dependiendo de su riqueza y sus hazañas. Por ello, las posesiones no eran realmente una medida de la nobleza de una persona; era la célsine, una institución de clientela. Los nobles tenían hombres ligados a ellos en servidumbre, pero los beneficios eran mutuos. Mientras los señores poseían tierras, los plebeyos ligados a él las trabajaban a cambio de un pago. Pero los plebeyos no siempre estaban vinculados a los señores; eran hombres libres y tenían derechos legales. Esto significa que podían poseer sus propias tierras, pero también eran artistas, sacerdotes, abogados, médicos, músicos, artesanos, etc. Tenían libertad de movimiento y se les permitía desplazarse entre reinos. Existían complejas subdivisiones de las clases sociales, que eran definidas y mantenidas por los letrados. Por ejemplo, el poeta principal, *ollam*, tenía el mismo estatus que un rey, pero no compartía su poder. Más tarde, el mismo estatus se otorgó a los obispos cristianos.

Los que no eran libres eran individuos sin tierra ligados a un señor mediante la servidumbre. Podían ser trabajadores, artistas de baja categoría, siervos y esclavos. Los esclavos eran prisioneros de guerra o hijos de pobres que los vendían a la servidumbre. Las clases sociales se diferenciaban entre sí por la ropa y las joyas que llevaban. Los hombres y las mujeres de mayor estatus social llevaban una capa, conocida como *brat*, sobre la camisa. La capa se aseguraba con un hermoso broche. También llevaban otras joyas para distinguirse de los plebeyos. Cuanto más alto era el estatus social de una persona, más elaboradas y coloridas eran sus prendas y joyas. Conocemos los adornos de las clases sociales altas porque fueron enterrados con sus posesiones. Sin embargo, sabemos muy poco sobre las prendas de los plebeyos porque no se les enterraba con sus posesiones. Los plebeyos eran demasiado pobres como para deshacerse de algo útil. No obstante, podemos suponer que los plebeyos llevaban pantalones ajustados y una chaqueta corta, una prenda similar a las que se usaban en Europa central. La oportunidad para muchos irlandeses de crecer y desarrollar su riqueza llegó con el establecimiento del comercio con un imperio que llegó a gobernar Gran Bretaña: los romanos.

Contactos con los romanos

Bajo el mandato de Julio César, las tropas romanas desembarcaron en las costas de Gran Bretaña en dos ocasiones, en el 55 a. C. y en el 54 a. C., pero se marcharon rápidamente. La última vez que los romanos llegaron a Gran Bretaña fue en el año 45 a. C., y decidieron quedarse. Los romanos conquistaron las tierras británicas hasta Escocia, y en el proceso, construyeron muchas fortificaciones. Se cree que durante la campaña romana en el sur de Escocia, bajo el liderazgo del general Cneo Julio Agrícola, los romanos tuvieron su primer contacto con Irlanda. El famoso historiador romano Tácito (56-120 d. C.) escribió que los habitantes de Irlanda eran muy parecidos a los de Gran Bretaña y que llegó a esa conclusión debido al comercio bien establecido entre los pueblos. Se desconoce si los romanos planearon alguna vez conquistar Irlanda, pero nunca llegaron a gobernarla. Ninguna prueba arqueológica atestigua la presencia de tropas romanas en Irlanda. Sin embargo, es evidente que hubo conexiones, ya que se encontraron en Irlanda muchos objetos romanos del siglo I y II de nuestra era. Podrían haber sido adquiridos a través del comercio o mediante incursiones en bases romanas al otro lado del mar. Este contacto se intensificó durante los siglos IV y V, cuando el poder romano empezó a decaer. Los celtas aprovecharon la oportunidad y navegaron hasta las costas de Gran Bretaña para asaltar sus bases militares.

Pero cuando la dominación romana en Gran Bretaña terminó en el siglo V de nuestra era, los irlandeses llegaron a establecerse en Gran Bretaña por primera vez. La primera gran colonia procedía del sur de Irlanda y se instaló en el sur de Gales. Le siguieron otras que se asentaron en el norte de Gales y en las costas del sur de Inglaterra. Sin embargo, la colonia más exitosa fue la de Dal Riata, los emigrantes irlandeses que fundaron su reino en las costas del noreste de Irlanda y el oeste de Escocia, al otro lado del canal del Norte. Pero de vuelta a Irlanda, la interacción con las culturas romana y británica trajo muchos cambios. Las riquezas conquistadas en las incursiones en las costas británicas provocaron un cambio en el equilibrio de poder entre los reyes y caciques irlandeses. Las colonias en Gran Bretaña aportaron nuevos recursos a las dinastías de su país, impulsando su expansión. La influencia romana también tuvo un impacto significativo en la lengua de Irlanda, ya que podemos observar que la forma más antigua de escritura, el *ogham* gaélico, se basa probablemente en el alfabeto latino, aunque algunos expertos sugieren el Futhark Antiguo (escritura rúnica de los pueblos germánicos) o el alfabeto griego. El *ogham* consta de veinticinco variedades de líneas cortas y muescas colocadas en diferentes ángulos a ambos lados de una regla central. Se utilizó primero para inscribir en madera y otros materiales perecederos, pero floreció durante el siglo V, cuando el pueblo empezó a utilizarlo para escribir en monolitos de piedra. La escritura *ogham* se encuentra en toda Irlanda y en algunas partes de Gran Bretaña y Escocia.

Capítulo 2 - El cristianismo en Irlanda

Chozas monásticas en Skellig Michael
(donde se filmó La Guerra de las Galaxias)
https://en.wikipedia.org/wiki/Skellig_Michael#/media/
File:Skellig_hives.jpg

En Gran Bretaña, los irlandeses conocieron por primera vez el cristianismo. Al continuar el comercio entre las islas y el intercambio de personas, el cristianismo llegó lentamente a Irlanda. Para los historiadores, el aspecto más importante del cristianismo es su práctica de documentarlo todo. Así, la primera documentación de la historia de Irlanda se produjo en el año 431, cuando la nueva fe penetró en la isla a través de su conexión con Gran Bretaña, donde el cristianismo era también una religión muy joven y nueva. Consideramos el año 431 como el primer año de la historia documentada en Irlanda porque está precisamente registrado en un documento que describe la llegada del obispo a los cristianos de Irlanda. La nueva fe se extendió por Irlanda muy rápidamente y sin causar ningún tipo de violencia. Aunque no se sabe con exactitud cuándo y cómo se estableció el cristianismo por primera vez en Irlanda, San Patricio es la figura central tradicional de la fe en Irlanda, celebrada como un único misionero que introdujo el cristianismo y consiguió extenderlo por toda Irlanda. San Patricio dejó una elaborada historia de su esfuerzo por llevar el cristianismo a los habitantes de la isla Esmeralda.

El cristianismo cambió el modo de vida en Irlanda, ya que dio lugar a una nueva institución: la iglesia. Los obispos eran los líderes de la fe, y aunque la iglesia como organización llegó en el siglo V, los monasterios llegarían más tarde, durante los siglos VII y VIII. Los primeros monasterios de Irlanda eran simples comunas religiosas que crecieron alrededor de iglesias más importantes. Incluían a hombres, mujeres y niños y parecían aldeas que rodeaban a una institución religiosa. Pero de estas comunidades surgieron los monasterios tal y como los conocemos hoy, transformándose de aldeas a lugares sagrados de aprendizaje y fe. Los monjes de estos primeros monasterios salían al mundo para difundir el aprendizaje y el cristianismo. Viajaron hasta el continente para difundir la alfabetización, y la labor de los monjes irlandeses es notoria en la Europa posromana.

La literatura y la erudición difundidas en la Europa posromana se mantuvieron y apreciaron en Irlanda. Los monasterios se convirtieron en centros educativos y de expresión artística. Entre los siglos VI y XII, los monasterios irlandeses propiciaron una edad de oro cultural. Produjeron hermosos manuscritos y objetos sagrados fabricados con metales y piedras preciosas. Pero los monasterios pronto se convirtieron también en centros económicos, desempeñando el papel que más tarde correspondería a las ciudades. Pero en las primeras etapas, la sociedad era predominantemente rural, gobernada por reyes y pequeños reyes por las leyes impuestas por la iglesia. Pronto los reinos se fusionaron en las cuatro provincias de Irlanda, y comenzaron los conflictos a mayor escala. Las rivalidades dinásticas internas continuaron entre los reinos, y la guerra fue una realidad omnipresente que duró hasta la llegada de los normandos, que presentaron a los irlandeses un nuevo enemigo común.

San Patricio y el inicio del cristianismo en Irlanda

Se cree que el cristianismo penetró por primera vez en Gran Bretaña e Irlanda desde la Galia, que ya tenía una institución eclesiástica establecida en el siglo IV. El documento mencionado anteriormente, fechado en el año 431, fue escrito por Prosper Tiro de Aquitania. En él, describe cómo el papa Celestino I (r. 422-432) envió a un individuo llamado Paladio para que fuera obispo de los cristianos irlandeses. Este documento nos dice que el cristianismo llegó a la isla antes de que San Patricio comenzara su labor, pero a los ojos de los irlandeses, este santo es considerado el padre de la fe. Esto se debe probablemente a que se conservan los escritos de San Patricio. En sus escritos, menciona la visita a lugares paganos donde el cristianismo aún no había llegado. Así, pintó el cuadro de la cristianización de una Irlanda pagana. Sin duda, San Patricio ganó muchos adeptos entre los irlandeses, pero la difusión del cristianismo no fue difícil porque la antigua religión pagana permitía creer en los milagros, en los que también se basa el cristianismo.

Sin embargo, la nueva fe tuvo que adaptarse a la mentalidad pagana del pueblo y absorbió algunas de las características de la antigua religión. La conversión de los irlandeses de su fe pagana al cristianismo fue suave y no violenta. Irlanda es el único país europeo en el que no hubo conflicto entre el cristianismo y el paganismo, y por ello, Irlanda nunca produjo mártires.

Es imposible decir con precisión cuándo vivió San Patricio, pero se sabe que trabajó durante la segunda mitad del siglo V. No existe ninguna fuente histórica que documente su vida, pero Patricio sí escribió sobre sí mismo, aunque no mucho. Sin embargo, los retazos son suficientes para construir una imagen básica de la vida de San Patricio. Escribió dos obras: *Confesión* (su biografía espiritual y el relato de su misión en Irlanda) y *Carta a los soldados de Coroticus* (en la que se queja de la esclavitud de sus conversos). Patricio nació como hijo de un diácono en el pueblo romano-británico de Bannavem Taburniae. Cuando tenía 16 años, unos asaltantes irlandeses lo capturaron y lo llevaron a trabajar como su pastor. Tras seis años de esclavitud, Patrick consiguió escapar y llegar a su antiguo hogar. Sin embargo, no se quedó allí, ya que tuvo una visión que le decía que el pueblo irlandés le necesitaba. Patricio fue a la Galia para formarse como sacerdote y se dirigió a Irlanda para convertirse en obispo. La tradición nos dice que el año fue el 432, pero no puede confirmarse históricamente esta fecha. Nada más pisar suelo irlandés por segunda vez, Patricio comenzó su misión. A lo largo de los años, convirtió a miles de personas, desde reyes, señores y plebeyos hasta bardos sagrados y sacerdotes paganos. Las obras de San Patricio fueron objeto de numerosas leyendas. La más famosa es que expulsó a las serpientes de la isla. Pero no se trata de una historia literal, sino de una alegoría. La Irlanda postglacial ya estaba libre de serpientes, y las serpientes que expulsó San Patricio son una metáfora de Satanás de la historia bíblica sobre Adán y Eva. Pero la serpiente era también un símbolo utilizado a menudo por los druidas, y la historia de San Patricio y las serpientes puede entenderse como su enfrentamiento con la antigua religión pagana.

En el siglo VIII, San Patricio se convirtió en el patrón de Irlanda, aunque nunca fue canonizado oficialmente porque vivió y trabajó antes de las leyes modernas de la iglesia cristiana. No obstante, tanto la Iglesia católica como la ortodoxa lo reconocen como santo e incluso lo colocan en el mismo pedestal que los apóstoles. San Patricio utilizó su capacidad de persuasión para convertir al pueblo. Era consciente de que las costumbres paganas estaban profundamente arraigadas en la conciencia de la gente, y nunca trató de cambiarlas. En cambio, cambió su sistema de creencias. De este modo, la estructura social de Irlanda permaneció intacta a pesar de que a su alrededor se estaba produciendo un importante cambio religioso y cultural. Pero existe un aspecto social que Patricio trató de erradicar: la esclavitud. Fue el primer individuo de la historia occidental que abogó contra la esclavitud. La fecha tradicional de la muerte de San Patricio es el 17 de marzo, y aún hoy se celebra esta fecha como el Día de San Patricio.

Los irlandeses no tenían el martirio rojo (martirio debido a la muerte violenta), pero sí que idearon su suplemento único de santidad. Los monjes de los siglos V y VI dejaban las comodidades de sus monasterios y viajaban a lugares salvajes y poco habitados donde rezaban y buscaban la inspiración directamente de Dios. A menudo morían en el páramo, fuera de la jurisdicción de su reino, y encontraban la santidad en lo que los irlandeses llaman "martirio verde". Otro aspecto único del cristianismo en Irlanda es la importancia de los monasterios. A diferencia del resto de Europa, las iglesias más importantes de Irlanda no estaban dirigidas por sacerdotes, sino por monjes y obispos. Esta organización eclesiástica seguía el modelo de las unidades administrativas romanas establecidas en Gran Bretaña durante el siglo V. El clérigo principal de los monasterios era, al mismo tiempo, un obispo y un abad. Irlanda tenía dos tipos de monasterios. Los primeros se asemejaban a asentamientos y eran centros económicos, sociales, educativos y religiosos, a menudo establecidos cerca de los caminos principales de un reino. El segundo tipo de monasterios se establecía en lo profundo de los bosques, en la cima de altos acantilados o en lugares desiertos donde no vivía nadie. Eran monasterios fundados por monjes ermitaños que buscaban aislarse del mundo para acercarse a Dios. Uno de estos monasterios es el de Skellig Michael, fundado entre los siglos VI y VIII, donde hoy se ruedan películas modernas, como *La Guerra de las Galaxias*.

Los monjes irlandeses tenían una apariencia única. Aunque vestían con las sencillas túnicas de lana sin teñir y con una cofia blanca, la principal diferencia radicaba en la tonsura, la práctica de los monjes de afeitarse el cuero cabelludo como símbolo de su humildad y devoción a Dios. La representación típica de la tonsura es la de una corona afeitada. En Irlanda, los monjes se afeitaban la mitad delantera de la cabeza, desde la frente hasta la mitad, dejando que la parte trasera creciera. La vida de los monjes seguía un estricto orden de oraciones, y se fijaban en plazos canónicos. Entre las oraciones, los monjes trabajaban para mantenerse. Fabricaban sus propias herramientas, araban sus propios campos, cultivaban jardines y pescaban. Algunos monasterios incluso adoptaron un canon poco común en el que los monjes debían rezar mientras trabajaban. Pero la ocupación central de todos los monasterios era la copia de manuscritos sagrados. Algunos monjes irlandeses se hicieron famosos por sus habilidades y talentos artísticos porque, aunque el texto se copiaba estrictamente, los monjes tenían la libertad artística de decorar su obra como quisieran.

La sociedad de la Irlanda cristiana primitiva

Durante el período inicial del cristianismo, Irlanda no tenía ciudades, y eran los monasterios los que servían como centros no solo eclesiásticos, sino también sociales. Los monasterios estaban gobernados por aristócratas clericales ricos y políticamente poderosos, y algunos incluso se convirtieron en las residencias de los reyes. Tal fue el caso de Armagh, donde la dinastía Uí Néill mantuvo su hogar. Armagh se atribuía su fundación nada menos que por San Patricio. Por ello, el cacique Daire concedió al monasterio un gran terreno. (También ayudó a construir una iglesia de piedra que, durante el siglo VII, se convirtió en el centro eclesiástico más importante de Irlanda). Con el tiempo, Armagh recibió jurisdicción sobre todos los asuntos religiosos de Irlanda. Durante el siglo VII, Armagh dejó de ser un monasterio, y su abad-obispo se convirtió en obispo solamente. Durante los siglos VII y VIII comenzaron a formarse diócesis, que a menudo tomaban la forma de reinos ya existentes. Los obispos tenían su sede en los monasterios, pero empezaron a aumentar su poder y fundaron iglesias independientes desde las que podían predicar al pueblo. Había diferentes tipos de iglesias: unas libres, que estaban separadas del monasterio y no estaban obligadas a pagar impuestos a los reyes o a los terratenientes, y otras que estaban vinculadas a un reino, a un monasterio o a una familia rica a la que pagaban impuestos. Las más numerosas eran pequeñas iglesias, libres y no libres, repartidas por toda Irlanda para atender a todo el pueblo.

Desde el siglo VII hasta el IX, Irlanda contaba con unos tres millones de habitantes, pero solo entre medio y un millón vivían en las proximidades de las iglesias. La vida en la Irlanda cristiana primitiva era rural, y la mayoría de las familias vivían en pequeñas granjas aisladas cuyo tamaño dependía de la riqueza de la familia. Entre las granjas había grandes extensiones de terreno salvaje, normalmente bosques y ciénagas. En consecuencia, las familias rara vez tenían contacto entre sí. Sin embargo, la economía rural de la Irlanda cristiana primitiva exigía la existencia de lugares en los que se pudiera comerciar. Dado que aún no había aldeas ni ciudades, los monasterios asumieron también el papel de centros de comercio. Normalmente se concentraban en las tierras bajas y estaban rodeados de un número importante de granjas. Los agricultores cultivaban avena, cebada, trigo y centeno, que llevaban a los monasterios para venderlos o cambiarlos por otros productos. La avena fue el alimento básico del pueblo irlandés hasta el siglo XIX, la cual se comía en forma de gachas crudas. Había pocas verduras y casi ninguna fruta, salvo las manzanas silvestres. Sin embargo, las bayas y los frutos secos abundaban en Irlanda y, por sus cualidades altamente nutritivas, eran muy apreciados. Los irlandeses también tenían ganado, y la leche y los productos lácteos eran de consumo habitual. Las mujeres cuidaban de las vacas y las ordeñaban para producir queso y mantequilla. Las ovejas se criaban principalmente por su lana, pero las familias pobres consumían sobre todo leche de oveja. Aunque Irlanda tenía mucho ganado en esa época, solo las familias acomodadas comían su carne. El ganado, en general, era demasiado valioso y no se sacrificaba.

La gente dependía de lo que producía, por lo que solo se podía vender una pequeña parte. Muchas familias no podían prescindir de nada de su cosecha para el comercio, y sentían una extrema penuria si la cosecha era escasa o si fracasaba. Por eso eran frecuentes las hambrunas, las enfermedades y los desórdenes sociales, ya que el pueblo culpaba al gobierno de sus males. El pueblo emigraba a menudo en busca de una vida mejor. Pero aunque la cosecha fuera abundante, no garantizaba una mejor calidad de vida. Desde la segunda mitad del siglo VII hasta el siglo IX, Irlanda sufrió a menudo diversas epidemias que diezmaron su población. La religión desempeñó un papel importante para traer consuelo, pero muchos optaron por recurrir a antiguos dioses y ritos paganos en busca de una cura. Así, las tradiciones y la transmisión oral de esta antigua herencia celta convivieron con el cristianismo. Los gobernantes religiosos y seculares promulgaban sus leyes y evitaban el desastre social manteniendo la paz. Sin embargo, a los gobernantes seculares de Irlanda les importaba poco la paz cuando se trataba de las relaciones entre ellos. La guerra y la violencia eran comunes, ya que cada reino buscaba expandir su territorio y reclamar más granjas para asegurar su existencia.

Los primeros reinos de Irlanda

La posición más alta de la sociedad secular irlandesa pertenecía a los reyes. La Irlanda primitiva contaba con muchos reinos pequeños, tal vez incluso un centenar de ellos. Pero no todos tenían el mismo estatus. Había pequeños reyes menores que servían a señores menores que, a su vez, servían a los altos reyes. Los aspectos paganos de la realeza permanecieron incluso cuando el cristianismo se convirtió en la religión principal de la isla. Por ejemplo, los reyes seguían siendo coronados ceremonialmente en matrimonio con la diosa de la tierra. Este matrimonio era sagrado, ya que se suponía que traía prosperidad tanto a la tierra como al pueblo. En la segunda mitad del siglo VII, la estructura de la realeza cambió, y los pequeños reyes y los señores menores empezaron a desaparecer. Los anales del siglo VIII relatan cómo los grandes reyes derrotaron a los menores en las batallas y tomaron sus territorios. Pero los reyes menores no desaparecieron del todo, sino que se transformaron en nobles dependientes de sus gobernantes.

Durante el siglo VII, en el Ulster y Meath, la dinastía Uí Néill ascendió al poder y dominó las tierras medias y el noroeste. Los gobernantes de esta dinastía reclamaron el título irlandés más prestigioso: se proclamaron "Reyes de Tara", reclamando así el poder supremo sobre toda Irlanda. Se desconoce la fecha de la escisión de los Uí Néil, pero en un momento dado, la dinastía tenía representantes que gobernaban el sur y el norte de Irlanda. La familia del sur volvió a dividirse, esta vez en muchas ramas más pequeñas. Una de ellas era el poderoso Clann Cholmáin, que gobernaba las tierras de Meath. Sin embargo, su poder se diluyó durante la primera mitad del siglo VIII, y los Síl nÁeda Sláine surgieron como dinastía dominante. En el siglo IX, su rey reclamaba el dominio de Irlanda. Los Uí Néills del norte se dividieron en dos ramas: el Cenél Conaill en Donegal y el Cenél nEógain en Derry. Durante el siglo VII, estas dos alas de la misma dinastía lucharon por la preponderancia y, a finales del siglo VIII, la última se erigió como dominante.

En los actuales condados de Louth y Monaghan, tres reyes diferentes formaron una confederación de nueve reinos individuales. Se les conoce como los Tres Collas: Colla Uais, el Noble; Colla de Chroich (Colla de los dos territorios); y Colla Meann, el Famoso. El reino que ocupaba las costas del condado de Antrim y el oeste de Escocia se llamaba Dál Riata. Fue un reino poderoso durante los siglos VI y VII, pero las incursiones y conquistas británicas lo destruyeron por completo en el siglo XI. La dinastía Uí Dúnlainge gobernaba los territorios de la provincia de Leinster. Tenía su base de poder en el valle del río Liffey y desde allí se expandió, expulsando a otros reyes menores a los márgenes de la provincia. La provincia de Munster, al sur de Irlanda, fue gobernada por la dinastía Eóganacht desde el siglo VII hasta el X. Esta dinastía estaba muy unida a la Iglesia, y uno de sus reyes, Feidlimid mac Crimthainn, gobernó como rey secular y como obispo. Fue un rey despiadado que gobernó entre 820 y 846. Durante todo su reinado, Crimthainn asaltó los territorios de la dinastía Uí Néill y saqueó sus monasterios. Sin embargo, su dinastía cayó repentinamente en desgracia durante el siglo X y fue sustituida por los Dál Cais. Las dos dinastías gobernantes de Connacht eran Uí Fiachrach y Uí Briúin, y ambas afirmaban estar emparentadas con los Uí Néill. En el siglo VIII, Uí Briúin se convirtió en la dominante en la región, suprimiendo a la otra dinastía en el olvido.

Durante los primeros tiempos de la Irlanda cristiana, no existía un alto rey que gobernara toda la isla. El concepto de un alto rey fue promulgado por los monjes eruditos, que querían implantar la idea de unidad en las mentes de los reyes y del pueblo. Los monjes crearon mitos que hablaban de individuos que tenían a toda Irlanda bajo su dominio. Como los Uí Néill eran la dinastía más fuerte y uno de los principales patrocinadores del clero, se presentaron como los principales candidatos a la alta realeza. Se suponía que la unidad política de Irlanda se produciría bajo su gobierno, y así nació el mito del legendario Niall, el fundador de la dinastía. Niall existió, pero muchas de sus hazañas fueron simplemente inventadas por los educados mecenas de la dinastía. Gobernó hacia el año 405 y se le recuerda como Niall Nóigiallach (Niall de los Nueve Rehenes, ya que supuestamente tomó tantos prisioneros de guerra). Los siete hijos de Niall fundaron las siete dinastías de Irlanda, pero Uí Néill fue la más fuerte y la que gobernó más territorio. Naturalmente, reclamaron el señorío en los grandes territorios, pero no pudieron hacerse con el título de alto rey durante siglos. El rey Maíl Sechnaill mac Maéle Ruanaid, que gobernó en el siglo IX, fue el primero al que se hace referencia como alto rey en los Anales del Ulster, escritos desde 431 hasta 1540. Pero el señorío de Maíl Sechnaill fue constantemente desafiado por los reyes vecinos, y durante su reinado, incluso tuvo que hacer frente a la primera invasión extranjera de Irlanda.

Capítulo 3 - Los vikingos en Irlanda

Irlanda durante el siglo X
https:/en.wikipedia.org/wiki/Early_Scandinavian_Dublin#/
media/File:Ireland900.png

El pueblo de Irlanda no había experimentado ninguna invasión violenta. Todas las migraciones fueron pacíficas hasta finales del siglo VIII, cuando llegaron los vikingos. En general, los cristianos irlandeses fueron dejados en paz para cultivar sus posesiones y tesoros artísticos durante siglos. Cuando llegaron los noruegos y los daneses, trajeron el caos al asaltar principalmente los ricos monasterios. Sin embargo, las invasiones vikingas trajeron algo bueno a Irlanda. Los nuevos e innovadores asentamientos —pueblos y ciudades— permitieron mejorar las conexiones con el mundo exterior. Fue el primer contacto exterior a gran escala para Irlanda, y trajo la oportunidad de un comercio desconocido para las dinastías reinantes. Con el tiempo, los violentos vikingos se integraron a la población local; se hicieron cristianos y aprendieron la lengua y las costumbres locales. Al principio, los vikingos solo se asentaron en las regiones costeras de la isla, pero finalmente se aventuraron en el continente para comerciar. Pronto se vieron envueltos en las rivalidades dinásticas de los pueblos nacionales y empezaron a participar en la política nativa.

Los vikingos también llevaron una tecnología y un armamento mucho más sofisticados. Al adquirirlas, los reyes irlandeses pudieron facilitar las batallas en territorios mucho más amplios, con resultados más mortíferos. Las dinastías reales nativas eran menos numerosas, pero tenían recursos y luchaban entre sí para expandir sus reinos. Como lo que estaba en juego era mayor, las batallas se hicieron más intensas, y fue durante este periodo cuando se produjeron las primeras reclamaciones de alta realeza. Al final, no fueron los monjes cristianos quienes convencieron a los reyes de la necesidad de la unidad política de Irlanda. Fue el enemigo común, los vikingos.

Las guerras vikingas

Los vikingos desembarcaron por primera vez en Irlanda en el año 795, y su primer objetivo fue la isla de Lambay, frente a las costas del condado de Dublín. Guerreros fuertemente armados salieron de las entrañas de sus barcos decorados y saquearon el asentamiento monástico, llevándose tesoros y esclavizando a la gente. Ese mismo año, los vikingos también atacaron la isla de Rathlin, Inishmurray e Inishbofin. Sus incursiones eran siempre repentinas y rápidas, y no tenían intención de demorarse más de lo necesario. Sin embargo, las incursiones interrumpieron la edad de oro del cristianismo irlandés, y la mayoría de los símbolos cristianos artísticamente adornados fueron arrebatados por los nórdicos. Las razones por las que los vikingos atacaron las lejanas costas de Gran Bretaña e Irlanda siguen siendo desconocidas. En un principio, empezaron a hacer incursiones en torno al mar Báltico y, poco a poco, se extendieron desde allí hacia el oeste, el este y el sur. Con el tiempo, llegarían a los territorios rusos, a Constantinopla e incluso al continente americano. Los nórdicos construyeron los barcos más avanzados tecnológicamente que los irlandeses habían visto jamás. Fueron construidos para la velocidad y la movilidad, lo que explica su capacidad para cruzar con éxito grandes distancias navales.

Los vikingos aún eran paganos, y les sorprendió la existencia de los monasterios, asentamientos que guardaban tales tesoros, pero no montaban defensas. Como el cristianismo llegó a Irlanda de forma pacífica, nunca hubo necesidad de que los monjes aprendieran a defenderse. Esto los convirtió en objetivos fáciles y perfectos para los vikingos, los piratas por excelencia de Europa. Cientos de monjes fueron asesinados en las incursiones, que se repitieron en 802 y 806. En los primeros cuarenta años del siglo IX aumentó el número de asaltos a monasterios, pero la táctica de los nórdicos era siempre la de atacar y huir, ya que su principal intención era llevar tesoros a casa y no quedarse en las costas de las nuevas tierras que descubrían.

En el año 823, los vikingos habían explorado toda la costa irlandesa. En 824, incluso asaltaron el famoso Skellig Michael. El terror que los vikingos trajeron a las costas de Irlanda hizo que los monasterios se retiraran hacia el interior, llevando consigo todos los tesoros y reliquias que habían logrado conservar. Los reyes del Ulster y del Munster lucharon contra los vikingos lo mejor que pudieron, pero no pudieron igualar la velocidad de las naves nórdicas.

La retirada hacia el interior resultó infructuosa, ya que las bandas de vikingos se limitaron a seguir a los monjes. Hacia el año 830, se atrevieron a trasladarse a las nuevas ubicaciones de los monasterios. La primera incursión vikinga de la que se tiene constancia se produjo en el año 836, cuando una banda atacó los territorios del sur de Uí Néill. Pero el año siguiente fue crucial porque el carácter de las incursiones cambió. Se enviaron sesenta barcos por el río Boyne y otros sesenta por el Liffey. Esta vez, los objetivos no eran solo los monasterios. Los vikingos asaltaron y saquearon todos los asentamientos que pudieron encontrar. También remontaron el río Shannon y el Erne y derrotaron a todos los reyes irlandeses que se atrevieron a interponerse en su camino. En el año 841, los nórdicos establecieron sus primeras bases en Irlanda, en Linn Duachaill y Dublin Hill. Desde allí, lanzaron ataques hacia el interior. También fue la primera vez que los vikingos invernaron en Irlanda, y en Dublín tuvieron que construir una empalizada para sus barcos. De forma totalmente involuntaria, sentaron los cimientos de la futura ciudad.

En la primera mitad del siglo IX, Irlanda solo vio a los nórdicos de Noruega. Sin embargo, a partir de la década de 950, llegaron los vikingos daneses, creando un campo de batalla aún más sangriento en la isla. Los noruegos lucharon contra los daneses, pero también contra los irlandeses. Los irlandeses además lucharon entre sí, ya que muchos reyes vieron las incursiones vikingas como una oportunidad para hacerse con más territorio. Pero este periodo fue importante para la historia de Irlanda porque, por primera vez, los reyes irlandeses empezaron a formar alianzas para combatir a los vikingos con mayor eficacia. Incluso hicieron progresos, que pueden medirse en el número de sus victorias en batalla y en el hecho de que la frecuencia de las incursiones empezó a disminuir. En 845, el rey irlandés Mael Sechnaill mac Maéle Runaid consiguió capturar y matar al líder de las fuerzas vikingas. Sin embargo, las flotas nórdicas siguieron desembarcando en las costas irlandesas entre el 845 y el 860, antes de que las incursiones cesaran gradualmente. Aunque los irlandeses organizaron pequeñas alianzas entre ellos, nunca consiguieron unirse contra los vikingos como una sola nación. Continuaron con sus luchas dinásticas, y los nórdicos se mostraron más que felices de intervenir, poniéndose del lado de diferentes reyes en función de lo que pudieran conseguir para ellos. Las primeras alianzas entre los irlandeses y los vikingos se forjaron a partir del año 842, y a partir del 850 existen más relatos que confirman diversas alianzas de este tipo.

Durante este periodo, los vikingos invasores empezaron a asentarse en Irlanda y a compartir la tierra con la población local. Como ya no tenían la intención de huir a su tierra natal, Escandinavia, dejaron de hacer incursiones y empezaron a adquirir tierras, que cultivarían y asentarían con su gente. Al tener que establecer alianzas con las dinastías nacionales, se unieron a las disputas locales. Durante la segunda mitad del siglo IX, los reyes Uí Néill construyeron su principal base de poder en Tara, y domaron a los vikingos que decidieron instalarse en su territorio. Pero la mayoría de los nórdicos se asentaron en Dublín y sus alrededores e hicieron alianzas con los gobernantes vecinos para luchar contra los Uí Néill. El final del siglo IX fue mayormente pacífico, y no se produjeron nuevas incursiones o invasiones. Sin embargo, esto fue solo la calma antes de la tormenta. La segunda oleada de la invasión vikinga comenzó en la segunda mitad del siglo X y duró los siguientes veinticinco años. Una enorme flota de barcos vikingos se reunió en el puerto de Waterford en 914. Al año siguiente, asaltaron Munster y Leinster, saqueando monasterios, fortificaciones y granjas familiares. El rey supremo irlandés de la dinastía Uí Néill, Niall Glúndub mac Áedo, lanzó un contraataque y persiguió a los vikingos por el territorio de Munster durante el año 917. Sin embargo, no consiguió expulsarlos de Irlanda. Se alió con Leinster, pero sufrió una grave derrota. Dos años más tarde, dirigió otro ataque; esta vez, planeaba atacar Dublín. Pero en esta batalla, el gran Uí Néill encontró su fin. Aunque los irlandeses perdieron la batalla, los vikingos no siguieron haciendo incursiones. En su lugar, comenzaron a consolidar su poder en Dublín y sus alrededores.

Los vikingos tuvieron una enorme influencia en la sociedad irlandesa. Llevaron la muerte y la destrucción, y muchos elementos del patrimonio cultural se perdieron, se llevaron de la isla y probablemente se fundieron. Aunque el número de víctimas de las incursiones vikingas fue probablemente muy elevado, la vida prosperó y continuó. Los vikingos también tuvieron un buen impacto en los irlandeses. Iniciaron asentamientos e introdujeron el comercio generalizado en una Irlanda principalmente agrícola. Cuando los vikingos acabaron por establecerse en Irlanda, pasaron de ser asaltantes a agricultores, pescadores y comerciantes. Pero mientras los nórdicos que invadieron las islas británicas y los territorios franceses se asentaron en el interior, en Irlanda prefirieron la costa, donde habían desembarcado por primera vez. Fundaron las primeras ciudades en Dublín, Waterford, Cork y Limerick. Todas ellas eran asentamientos portuarios que ofrecían un vínculo comercial con Gran Bretaña, Escandinavia y el resto de Europa. Dublín siguió siendo el principal asentamiento de los escandinavos en Irlanda, y creció muy rápidamente hasta convertirse en uno de los asentamientos vikingos más ricos de Europa.

El comercio era tan importante para Irlanda que finalmente se introdujo el dinero en el año 953. Ese año aparecieron las primeras monedas de plata en Irlanda, que se utilizaron continuamente hasta la llegada de los normandos. Junto con el cambio en el comercio, también cambió la vida política y social de la isla. Se introdujeron expertos comerciantes, marineros y constructores navales, que rápidamente encontraron su lugar en la sociedad irlandesa. En general, la vida social del pueblo volvió rápidamente a sus patrones familiares después de las mortíferas y espantosas incursiones vikingas. La vida volvió a la normalidad durante la segunda mitad del siglo X, y los reyes siguieron luchando contra otros reyes.

Duelos dinásticos del siglo X

La segunda mitad del siglo X estuvo marcada por las luchas dinásticas entre los reyes irlandeses. Ya en el año 964, el líder del Dál Cais (un pequeño reino del este de Clare) capturó la Roca de Cashel, sede de la dinastía Eóganacht. Poco después, saqueó Limerick, un asentamiento vikingo de la época. El gobernante de Dál Cais, Mathgamain, se proclamó rey del norte de Munster, pero en 976 fue asesinado. Su sucesor fue su hermano menor, Brian Bóruma, también conocido como Brian Boru. Tras vengar la muerte de su hermano, Brian extendió su reino. En 980, controlaba Limerick y todo Munster. Estableció su base de poder en la Roca de Cashel, y desde allí lanzó ataques contra sus vecinos en el intento de conquistar sus territorios.

Brian Boru pudo extender su poder porque los Uí Néill, sus vecinos del norte, estaban ocupados en sus propias luchas interdinásticas. El alto rey Domnall Ua Néill (956-80) reclamó los territorios del sur de Meath e incluso trasladó allí sus tropas, pero no consiguió mucho. Fue el último rey de Uí Néill que ostentó el título de alto rey, ya que le sucedió Máel Sechnaill mac Domnaill, de la dinastía Colmáin (aunque esta dinastía no era más que otra rama de los Uí Néill). Máel Sechnaill luchó y derrotó a Olaf Cuaran, rey de Dublín, en la batalla de Tara en 980, convirtiéndose así en el hombre más poderoso de Irlanda del Norte. La primera vez que se encontró con Brian Boru fue en el reino de Ossory en 981, donde no logró contenerlo porque Brian fue capaz de coordinar con éxito sus ejércitos terrestres y navales. Un año después, Brian lanzó un ataque contra Dublín, pero no tomó la ciudad para sí. Pidió un tributo anual, que le ayudó a financiar su ejército. Continuó sus expediciones militares en Connacht y Leinster, iniciando un conflicto entre el sur y el norte de Irlanda. Ambos bandos lucharon por el control de toda la isla, pero al final llegaron a un compromiso. En 997, en Clonfert, todas las partes beligerantes llegaron a un acuerdo para dividir el control de Irlanda entre los gobernantes del sur y del norte.

Dos años más tarde, Leinster y su ciudad, Dublín, se rebelaron contra el gobierno de Brian, pero la revuelta también amenazaba los territorios del viejo enemigo de Brian, Máel Sechnaill. Los dos reyes finalmente acordaron la paz y una alianza para someter a Leinster. Su idea era atacar Dublín, gobernada por Sigtrygg Silkbeard. Pero Sigtrygg no quería arriesgarse a que su ciudad sufriera un asedio, así que llevó a su ejército a enfrentarse al enemigo en el campo de batalla. Así, en el año 999, se produjo la famosa batalla de Glenmama. El resultado fue la derrota de Sigtrygg y la inevitable ocupación de Dublín. Sigtrygg se sometió a Brian, pero este quería la reconciliación. De buena fe, Brian casó a una de sus propias hijas con el gobernante de Dublín y, a cambio, se casó con la madre de Sigtrygg, Gormlaith ingen Murchada, la antigua esposa de Máel Sechnaill. Tras divorciarse de su primera esposa, Máel Sechnaill se había casado con Máel Muire, hermana de Sigtrygg e hija de Gormlaith ingen Murchad.

En 1002, el Alto Rey Máel Sechnaill no consiguió el apoyo de todas las dinastías de Irlanda y se vio obligado a renunciar a la alta realeza. Le sucedió Brian Boru, a quien dio su apoyo. Pero no todos los reinos prometieron su lealtad a Brian, y aunque ya tenía más de 60 años, siguió luchando contra los que desafiaban su alta realeza. Con la intención de gobernar toda Irlanda, dio un nuevo significado al título de alto rey y demostró que no era un mero título. En 1005 y 1006, Brian completó un círculo completo alrededor de Irlanda, luchando contra los que se oponían a él. Después de 1006, solo el Ulster permanecía invicto, y Brian estaba decidido a derrotarlo. Sin embargo, los reinos septentrionales de

Ulaid y Uí Néill eran los más poderosos de Irlanda, y a Brian le costó mucho tiempo y recursos humanos derrotarlos. En 1005, Brian contaba con el pleno apoyo de las instituciones religiosas, que incluso le nombraron emperador de los irlandeses. En 1011/12, los reinos de Ulaid y Cenél Chonaill ya no representaban una amenaza para la autoridad de Brian, pero dejó que sus hijos siguieran atacándolos para que fueran conscientes de lo que ocurriría si se rebelaban. Brian mantuvo toda Irlanda bajo su dominio, pero en 1013, Leinster y los vikingos de Dublín se rebelaron contra él una vez más. Brian envió a su hijo Murchadh para hacer frente a Leinster, que consiguió sitiar Dublín. Sin embargo, la ciudad no cayó hasta que Brian se unió al esfuerzo en abril de 1014. La batalla principal tuvo lugar justo al norte de la ciudad, en Clontarf. Esta es la primera gran batalla de la historia de Irlanda que se registró, y esos manuscritos se conservaron. Brian derrotó a sus enemigos, pero también murió, probablemente a causa de las heridas. Ya era viejo, pero aún tenía energía, y participó personalmente en los combates.

Tras la muerte de Brian Boru, Máel Sechnaill volvió a ser alto rey y mantuvo este título hasta su muerte en 1022. El cambiante panorama político y social de Irlanda era ahora evidente incluso para los reyes y los nobles. Los vikingos, que antes eran una amenaza que se cernía sobre Irlanda, estaban ahora integrados en la vida cotidiana. Se fundieron con la población nacional, aceptando la lengua y las costumbres irlandesas. En el siglo XI, los nórdicos se asentaron por completo en Irlanda, se convirtieron al cristianismo y empezaron a casarse con la población local. Crearon una nueva generación conocida por la historia como "Hiberno-Norse" o "Norse-Gaels". Pero eso no significa que los vikingos no aportaran su propia influencia a la sociedad. Algunas de las costumbres que trajeron de su Noruega natal y de Dinamarca echaron raíces en la sociedad gaélica y, aunque fueron adoptadas, en su naturaleza siguieron siendo nórdicas. Los vikingos lucharon para los reyes irlandeses y suministraron al ejército nacional escudos anchos, espadas largas pesadas y hachas de batalla. También introdujeron en Irlanda una veloz caballería que llevó las batallas a nuevos niveles de derramamiento de sangre.

El cambio de siglo y los vikingos supusieron un cambio de poder en la realeza irlandesa. Los reyes menores ya no podían proteger sus reinos y eran derrotados fácilmente por las dinastías más fuertes. Los reinos crecieron al absorber a los derrotados. Algunos llegaron a alcanzar el tamaño de una provincia irlandesa. La economía establecida por los vikingos, así como la mano de obra, permitió a los poderosos señores adquirir un grado mucho mayor de control y autoridad en sus territorios. En el siglo XII, solo quedaba un puñado de reyes, mientras que algunas dinastías desaparecieron por completo de la vida política de Irlanda. Cuando las ciudades comenzaron a desarrollarse, estos reyes abandonaron sus bases de poder tradicionales y se trasladaron a nuevos asentamientos en constante crecimiento. Las dinastías derrocadas que consiguieron sobrevivir a la crueldad de sus conquistadores se convirtieron en nobles. Con el tiempo, se convirtieron en súbditos leales a quienes los derrocaron. También habitaron las ciudades y se convirtieron en representantes de una asamblea de nobles, o *oireachtas* (término que aún se utiliza para designar al órgano legislativo irlandés). Estos nobles, aunque no gobernaban, conservaban gran parte de su poder anterior. Construyeron castillos y pudieron financiar un ejército permanente. De hecho, la sociedad irlandesa se militarizó, y las batallas eran ahora más largas, más sangrientas y más devastadoras. Durante la segunda mitad del siglo XII, la sucesión de la realeza cambió. Hasta entonces, siempre había alternado entre diferentes ramas de las mismas dinastías. Pero ahora, se convirtió en hereditaria, heredada por los hijos o cualquier otro miembro masculino de la familia que llevara el mismo apellido. Estas familias gobernantes se casaron entre sí, pero también lucharon entre sí por toda Irlanda.

Los reyes decretaban las leyes e imponían y recaudaban impuestos. Los impuestos eran necesarios para financiar los ejércitos, y cuando estos crecieron significativamente durante el siglo XII, también lo hicieron los impuestos. Los ejércitos crecieron porque, debido a la desaparición de los reyes menores, los territorios que los reyes necesitaban conquistar eran más grandes. Los reyes emitieron sus propias monedas y crearon una economía estable. Utilizaban el dinero para los gastos administrativos de sus dominios reales, y estos dominios eran grandes. Conquistando constantemente y añadiendo más territorio a sus reinos, los reyes eran incapaces de administrarlo y gobernarlo todo desde sus bases de poder. Así, surgieron los funcionarios reales, a menudo procedentes de las familias nobles que en su día fueron dinastías de menor rango. Los funcionarios reales constituían la aristocracia feudal, ya que se encargaban de dirigir las casas reales, comandar el ejército y la marina y ocupar los puestos de gobernador en las ciudades o fortalezas. Se les premiaba por su lealtad, ya que los reyes les concedían grandes territorios —a menudo del tamaño de reinos menores— para que los mantuvieran como propios. A cambio, los funcionarios reales esperaban un servicio militar y un tributo ocasional. *Acallam na Senórach*, uno de los textos literarios irlandeses medievales más importantes, ofrece una imagen muy idealizada de la realeza de los siglos XI y XII. En él se describe a los nobles señores como totalmente devotos de sus reyes, que morían en la batalla de buena gana por la gracia de sus señores. En tiempos de paz, todos se reunían en ricas cortes donde disfrutaban de banquetes, obras de teatro y bellas damas. Pero la realidad era muy distinta. La guerra, la destrucción y la muerte estaban por todas partes, y a menudo iban de la mano del asesinato, el engaño y el caos. Los nobles leales se volvieron más traicioneros, cambiando a menudo de alianzas para adaptarse a sus necesidades.

Durante los siguientes cincuenta años tras la muerte de Máel Sechnaill, nadie ostentó el título de alto rey. Había demasiada incertidumbre de guerra, ya que muchos reyes se apoderaban de las tierras de sus vecinos menores. El poder cambiaba a menudo, y no había ningún individuo capaz de mantenerlo todo para sí mismo. Se hacían y deshacían alianzas militares, y todo el periodo se vio empañado por sangrientos asesinatos, quemas de casas e iglesias, venganzas, luchas de sangre e incluso mutilaciones de enemigos y su descendencia. La clave para ganar la alta realeza era adquirir la mayor cantidad de tierras posible, y las guerras eran largas. Los registros medievales adjuntan "rey en oposición" a los nombres de los gobernantes para destacar que ninguno de ellos consiguió la sumisión de todos los demás gobernantes de Irlanda.

Los hijos de Brian Boru no pudieron hacerse con el poder tras la muerte de su padre, pero la dinastía no se acabó. Prosperó a finales del siglo XI y principios del XII. Uno de los descendientes de Brian, Muirchertach O'Brien, fue el rey más poderoso de Irlanda durante su reinado (1101-1118). Después de su muerte, y hasta 1166, nadie fue capaz de asumir la misma cantidad de poder. O'Brien consiguió asegurarse el control de Munster y Leinster tras una larga serie de victorias. En 1094, mató al rey de Meath y se ganó la lealtad de Connacht, aunque tuvo que hacer frente a varias rebeliones en la región. O'Brien gobernó como alto rey, pero no tuvo oposición. En el Ulster, Domnall Mac Lochlainn reclamó el mismo título. Pero O'Brien es el primer rey del que se tiene constancia que casó a su hija con un extranjero, un noble británico, asegurándose así su alianza y ayuda militar. También nombró gobernantes locales cuya tarea consistía en gobernar partes de su reino que estaban demasiado alejadas de su base de poder. En lugar de darles castillos tradicionales desde los que gobernar, como Kincora o Cashel, les ordenó que se dirigieran a Limerick y Waterford, ciudades previamente fortificadas por los vikingos y, por tanto, más fáciles de defender. Al final, O'Brien fue traicionado por su hermano, que usurpó el trono en 1114. Aunque O'Brien consiguió recuperar el trono durante un breve periodo, se convenció de que no merecía la pena y se retiró a un monasterio.

En el oeste, un nuevo rey subió al poder en la provincia de Connacht. Su nombre era Turlough O'Connor (Toirdelbach Ua Conchobair, 1106-56), y se le considera el mayor rey guerrero del siglo XII. Este nuevo rey buscaba convertirse en el gran rey, y rodeó Connacht con fortalezas como defensa mientras salía a tomar Munster y Meath, lo que hizo entre 1115 y 1131. No tuvo suerte en el Ulster, aunque intentó tomarlo en numerosas ocasiones. En 1156, O'Connor murió repentinamente creando, un vacío de poder que estalló en nuevas guerras por el dominio de Irlanda. Le sucedió su hijo, Rory O'Connor (r. 1156-98), que se mostró incapaz de consolidar su poder. Durante su reinado, Rory tuvo que librar interminables guerras con sus vecinos, que lo veían como una amenaza para la alta realeza que deseaban. Otro rey de los Uí Néill, Muirchertach Mac Lochlainn (r. 1156-66), se autoproclamó alto rey, pero no fue el fin de las luchas de poder. La historia solo se repitió, y los acontecimientos fueron muy similares a los del reinado de O'Brian. Pero Rory O'Connor siguió luchando por su derecho al título, y en 1165 tomó Meath y Dublín. Al año siguiente, Muirchertach murió, y Rory se convirtió en el alto rey. Irlanda estaba ahora gobernada por una dinastía estable y próspera.

Cuando parecía que la lucha por el poder en Irlanda estaba a punto de terminar y que la realeza hereditaria basada en el feudalismo se establecería según el modelo de los países de Europa central y occidental, el rey de Leinster, MacMurrough, intervino para poner fin a la centralización del gobierno de Irlanda. MacMurrough había sido derrotado por O'Connor, pero gobernaba una pequeña provincia cuyo pueblo era propenso a las rebeliones. Su reino se centraba en Ferns, en el condado de Wexford. Una disputa privada estalló entre MacMurrough y otra dinastía emergente, O'Rourke. MacMurrough secuestró a la esposa de

O'Rourke, humillándolo en el proceso. O'Rourke esperó doce años para vengarse, y la oportunidad llegó en 1166, cuando MacMurrough fue abandonado por algunos de sus aliados. Quedó aislado y fue la oportunidad perfecta para atacarlo. O'Rourke contó con la ayuda de los nórdicos de Wexford, y consiguieron derrotar a MacMurrough y destruir su castillo en Fern. Pero MacMurrough escapó a Dublín. Finalmente, fue desterrado de Irlanda por el alto rey O'Connor y huyó a Bristol, Inglaterra. Luego siguió hasta Normandía, en Francia, para encontrar al rey Enrique II (1133-89) y pedirle ayuda. Pero poco sabía que al hacerlo, invitaría a la invasión de Irlanda, una invasión que cambiaría la isla Esmeralda para siempre.

Capítulo 4 - La invasión normanda

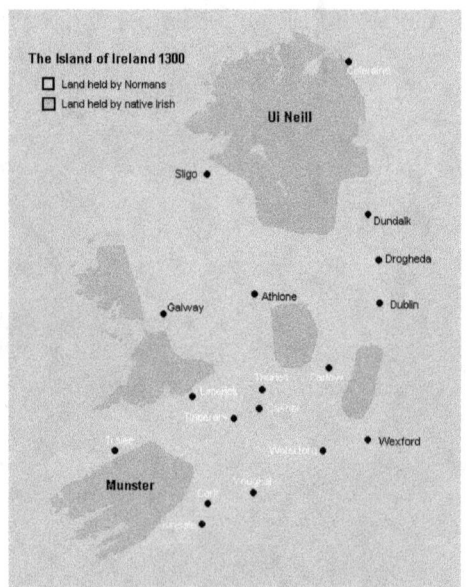

Posesiones normandas en Irlanda en el año 1300
https://en.wikipedia.org/wiki/History_of_Ireland_(1169%E2%80%9
31536)#/media/File:Www.wesleyjohnston.com-users-ireland-maps-
historical-map1300.gif

Los normandos llegaron a Irlanda en 1169, pero ya estaban en Inglaterra 100 años antes. La invasión normanda de la isla es uno de esos acontecimientos que hacen historia, pero ciertamente, sus contemporáneos irlandeses no lo vieron así. Los normandos trajeron su propio sistema político, su cultura y su legislación y, con ellos, acercaron Irlanda al resto de Europa. Irlanda pasó a ser posesión de los normandos y fue gobernada a distancia de Inglaterra. Los reyes irlandeses no desaparecieron del todo tras la llegada de los normandos. Siguieron gobernando como súbditos del rey inglés, y sus territorios se redujeron considerablemente. Pero los normandos nunca llegaron en número suficiente para tomar toda la isla. En cambio, tomaron las mejores tierras y, como preferían vivir en el interior, algunas zonas costeras siguieron estando habitadas mayoritariamente por la población irlandesa. Los normandos, al igual que los vikingos antes que ellos, se convirtieron rápidamente en otro estrato de la sociedad y en otro actor que llegó a disputarse el poder y la influencia en la isla.

Con el tiempo, los normandos se mezclarían con los irlandeses y crearían un subgrupo de personas, los "anglo-irlandeses". Se adaptaron a las costumbres y la cultura gaélica y reconocieron a su gobernante inglés. Pero exigían un cierto nivel de independencia de Inglaterra. Los gaélicos, en cambio, los que eran puramente irlandeses, exigían una independencia total. Como tercer grupo que habitaba Irlanda, los normandos intentaron controlar a los dos primeros grupos. A finales del siglo XIV, Inglaterra estaba tan concentrada en los acontecimientos internacionales que se preocupaba poco por Irlanda y la gobernaba solo de nombre, permitiendo a los gobernantes locales de Irlanda reanudar su gobierno. Pero los monarcas de Londres volverían a interesarse por su posesión de Irlanda en el siglo XVI e iniciarían lo que se conoce como la Reforma Inglesa de Irlanda, cambiando la estructura política y social de la isla.

Llegan los normandos (1169-1175)

La idea de invadir Irlanda no era nada nuevo para Enrique II. Como gobernante del Imperio angevino, que se extendía desde el sur de Francia hasta el norte de Inglaterra, Enrique también contempló la posibilidad de adquirir Irlanda. Incluso obtuvo el permiso del papa Adriano IV (r. 1154-59), pero la oportunidad no se había presentado, hasta ahora. Enrique recibió a Dermot MacMurrough, aceptó su oferta de lealtad y lo envió a Inglaterra con regalos e invitando a todos los ingleses a ayudar a la causa irlandesa. MacMurrough regresó a Bristol y comenzó a reclutar a los normandos de Inglaterra, siempre en busca de tierras y riquezas. Se ofrecieron como voluntarios, ya que veían en Irlanda una oportunidad perfecta para obtener riquezas personales. MacMurrough también encontró un líder que podía comandar a los normandos a través del mar, Richard FitzGilbert de Clare (1130-1176), el segundo conde de Pembroke. Era perfecto porque había sido probado en batalla en Gales, donde luchó continuamente contra la resistencia de la población local al dominio normando. El conde de Pembroke tampoco estaba casado y no contaba con el favor de Enrique II. No tenía nada que lo retuviera en Inglaterra, pero aun así demostró ser un duro negociador. Exigió la mano de la hija mayor de MacMurrough en matrimonio y el derecho de sucesión a Leinster.

La primera invasión normanda llegó a la isla a principios de mayo de 1169, cerca de la bahía de Bannow. Contaban con unos 600 soldados y caballeros con armadura de malla, portando espadas largas y lanzas. Reforzados por un escuadrón de caballería, derrotaron primero a los nórdicos de Wexford. Esto fue suficiente para convencer a O'Connor y O'Rourke de reconocer a MacMurrough como rey de Leinster al sur de Dublín. A su vez, el rey restaurado reconoció a O'Connor como alto rey de Irlanda. Pero MacMurrough quería ampliar sus territorios, e instó a Ricardo FitzGilbert a acudir en su ayuda. Mientras tanto, Enrique II cambió de opinión sobre Irlanda porque se sentía inseguro sobre la fuerza de su gobierno sobre el Imperio angevino, y retiró su consentimiento. Para asegurarse de que se cumplieran sus órdenes, Enrique impuso un embargo a la exportación de bienes a Irlanda, pero ya era demasiado tarde. Los normandos ya habían probado Irlanda y querían la tierra para ellos. El 23 de agosto de 1173, el conde de Pembroke desembarcó cerca de Waterford con un ejército de 1.000 soldados de a pie y 200 caballeros. Las fuerzas combinadas de MacMurrough y Pembroke tomaron Waterford. Celebraron el matrimonio entre el conde y la hija del rey de Leinster y se dispusieron a tomar también Dublín. En ese momento, Dublín era un reino hiberno-nórdico independiente. Pembroke ordenó un ataque sorpresa con una pequeña banda de asaltantes, que consiguió penetrar las defensas de la ciudad. Dublín cayó el 21 de septiembre de 1170.

MacMurrough murió en los primeros meses de 1171, dejando al conde de Pembroke para hacer frente a las tribus de Leinster, que se rebelaron contra su sucesión. El conde también tuvo que enfrentarse a los ataques del depuesto rey de Dublín, que invitó al ejército vikingo de Noruega a ayudarle a recuperar su reino. O'Connor, O'Rourke y otros gobernantes nativos de Irlanda también atacaron al comandante normando, aprovechando su aislamiento. Sin embargo, el conde de Pembroke no se rendiría tan fácilmente en su recién adquirida posesión irlandesa. Era un guerrero decidido y consiguió derrotar a todos sus enemigos. Pero el éxito de Ricardo FitzGilbert en Irlanda alarmó al rey Enrique II, que temía que Pembroke intentara hacer de Irlanda un reino normando independiente. Los irlandeses derrotados también enviaron una invitación a Enrique para que viniera a ayudar a deshacerse de Pembroke, y el 17 de octubre de 1171, Enrique II llegó personalmente a Irlanda. Desembarcó en Crook, cerca de Waterfront, y llevó consigo un ejército completo de caballeros, soldados, caballería y arqueros. El conde de Pembroke fue sometido, y Ricardo FitzGilbert ofreció Leinster a Enrique en feudo. Intimidados por el tamaño del ejército real, otros gobernantes irlandeses también ofrecieron su sumisión, homenaje y tributo al rey angevino. Los únicos que no lo hicieron fueron Cenél nEógain y Cenél Conaill, dinastías que residían en el extremo norte y estaban preocupadas por sus propias disputas dinásticas en ese momento. En 1172, el papa Alejandro III (r. 1159-81) confirmó a Enrique como "Señor de Irlanda" y emitió una proclama para que los reyes irlandeses aceptaran a Enrique como su señor. Los obispos irlandeses siguieron el ejemplo del papa e instaron a los gobernantes locales a someterse a su nuevo señor. Uno a uno, le siguieron, y los reyes ingleses mantuvieron el título de "Señor de Irlanda" hasta 1541.

Una vez que Enrique aseguró Irlanda, concedió Dublín a sus partidarios de Inglaterra. Siguió emitiendo cartas por las que concedía tierras en Irlanda a quienes le habían ayudado a subir al trono de Inglaterra en 1154. Así, concedió toda la provincia de Meath a un tal Hugh de Lacy para que sirviera de contrapeso al poder del conde de Pembroke en Leinster. También nombró a de Lacy comisario de Dublín, con derecho a actuar como justiciero, a reclutar arrendatarios para las propiedades reales y a representar al gobierno real en Irlanda. El 17 de abril de 1172, Enrique navegó de vuelta a Inglaterra y a Normandía, donde necesitaba ocuparse de los asuntos urgentes de su reino. En 1175, los normandos habían sofocado todas las rebeliones irlandesas que se alzaron contra su dominio, y el 6 de octubre de 1175, Enrique II firmó el Tratado de Windsor con Rory O'Connor, reconociéndole como alto rey de Irlanda con derecho a cobrar el tributo de Enrique a los reyes menores. Pero O'Connor era el alto rey, y tenía el poder sobre los territorios fuera del dominio normando. En Leinster, Meath, Waterford, Dublín y otros lugares, no tenía jurisdicción. Incluso en otras regiones, las habitadas con los irlandeses, O'Connor tenía poca influencia y no podía hacer cumplir el tratado. Su título solo tenía poder en el territorio que controlaba en Connacht. Los normandos estaban hambrientos de más tierras y se lo exigían a Enrique. Al final, el rey inglés empezó a concederlas a sus nobles sin ni siquiera consultar a O'Connor o a los anteriores gobernantes de esas tierras.

Enrique perdió rápidamente el interés por Irlanda, ya que estaba presionado por los asuntos reales de otras zonas de su reino. Siguió manteniendo a raya a los nobles normandos que vivían en Irlanda porque temía que exigieran la independencia. Pero eso no ocurrió. La invasión de la isla continuó según lo previsto, y fue lenta pero constante. El conde de Pembroke murió en 1176, dejando como sucesores solo a un niño (que moriría pronto) y a una hija pequeña. Por ello, toda la provincia de Leinster pasó a ser el protectorado del rey. Pero Enrique no tenía intención de ocuparse de Irlanda. Transfirió el título de "Señor de Irlanda" a su hijo Juan (1167-1216), conservando solo las ciudades de Cork y Limerick para la Corona. Juan visitó Irlanda por primera vez como joven príncipe en 1185. Se le recuerda como un hombre rudo con los reyes irlandeses que acudieron a rendirle homenaje. Al entregar la parte noreste del reino de Limerick a Theobald Walter, primer barón Butler, y a William de Burgh, Juan creó dos prominentes dinastías anglo-irlandesas: Butler y Burgh.

Cuando Juan se convirtió en rey en 1199, empezó a conceder tierras irlandesas, en porciones más pequeñas, a un gran número de arrendatarios. Los normandos construyeron fortalezas en las zonas en las que se asentaban, normalmente cerca de los centros económicos más grandes, como ciudades y abadías. En la década de 1200, el material de construcción cambió. En lugar de madera, los normandos utilizaron piedra para construir sus enormes fortalezas y castillos, cuyas ruinas aún se pueden encontrar en toda Irlanda. Pero la toma de posesión normanda de la isla no fue planificada ni centralizada. Los reyes ingleses estaban siempre demasiado ocupados dirigiendo batallas en otros lugares, y su atención se dirigía a Irlanda solo cuando los codiciosos señores normandos se hacían demasiado poderosos. Cuando Juan Courcy, por ejemplo, movió sus ejércitos hacia el oeste a través del río Bann para inmiscuirse en los asuntos de los gobernantes irlandeses, el rey Juan actuó. Lo desanimó concediendo algunas tierras al ambicioso hermano menor de Courcy, Hughe de Lacy, señor de Meath. En 1205, Juan incluso le concedió el título de conde palatino del Ulster. Pero cuando, en 1209, Lacy dio cobijo a uno de los enemigos de Juan, Guillermo de Braose, este decidió visitar Irlanda por segunda vez. Enfadado, el rey acudió con el ejército y marchó sobre el Ulster, capturando Carrickfergus y obligando a de Lacy a huir. Meath y el Ulster fueron declarados posesión de la Corona.

El gobierno y el sistema político irlandeses modernos deben su existencia a los colonos procedentes de Inglaterra y al rey Juan, que estableció el primer gobierno real irlandés. El predecesor de Juan, el rey Enrique II, creó un justiciar, el principal representante de Irlanda, que se apoyaba en un consejo de arrendatarios feudales. Pero Juan y sus sucesores transformaron el consejo de arrendatarios en jefe en el Consejo del Rey en Irlanda. El consejo contaba con la ayuda de muchos funcionarios reales permanentes. Con el tiempo, el consejo adoptó el nombre de "El Gran Consejo" y, durante el siglo XIII, estaba formado por barones y funcionarios que celebraban sesiones parlamentarias siguiendo el modelo de las de Inglaterra. En 1204, el rey Juan ordenó la construcción del castillo de Dublín y, una vez terminado, se convirtió en la sede del gobierno inglés en Irlanda. El rey Juan también introdujo su moneda en Irlanda y comenzó a recaudar las rentas reales. Con el tiempo, se redujeron las libertades de los terratenientes y se establecieron condados, cada uno con su propio aparato jurídico. El tribunal del condado de Dublín había aparecido antes, en la década de 1190, pero en 1260 ya existían siete más: Waterford, Kerry, Cork, Limerick, Tipperary, Louth y Connacht. En 1297 se les unió Kildare y en 1306 Carlow.

El último arzobispo nativo de Dublín fue San Lorenzo O'Toole. Tras su muerte en 1180, todos los nombramientos quedaron bajo control real, lo que significa que eran de origen inglés. Dado que el recién establecido sistema gubernamental de Irlanda necesitaba empleados capacitados para dirigirlo, la Corona nombró personal inglés tomado de la Iglesia inglesa, ya que la educación se limitaba en gran medida al clero. Todas las partes colonizadas de Irlanda practican la misma regla de nombrar a líderes religiosos ingleses como servidores tanto de la Iglesia como del Estado. Los arzobispos también ocupaban el cargo de canciller, tesorero o justiciero, dependiendo de las capacidades individuales de la persona elegida. La idea de Juan era nombrar a los anglonormandos como obispos de todos los prelados irlandeses, pero Armagh se resistió. Durante otro siglo, mantuvieron un obispo irlandés, pero después de 1303, ya no fue así. El clero normando era diferente del irlandés nativo. Llevaron consigo las prácticas eclesiásticas inglesas reformadas y las nuevas órdenes monásticas. Los señores normandos fueron generosos al concederles tierras, y los límites de las diócesis en las colonias coincidían a menudo con los de las propiedades de los señores normandos. Pero en las zonas en las que predominaban y controlaban los irlandeses, el tamaño de las diócesis variaba mucho. Algunas eran tan grandes que los señores arrendatarios (ricos arrendatarios que alquilaban vastas tierras) pagaban una renta al obispado. El clero irlandés mantuvo las características de su iglesia, incluyendo el matrimonio clerical y el concubinato. Los cargos clericales eran hereditarios y a menudo actuaban como mecenas de los bardos y los poetas.

Durante el siglo XIII, las relaciones entre los irlandeses nativos (denominados irlandeses gaélicos o goidiles) y los normandos estaban en constante statu quo. Como los reyes irlandeses gobernaban de acuerdo con las leyes de los reyes ingleses y obedecían a las instituciones reales y al justiciero de la corona, su reinado fue muy largo. Los normandos no se atrevían a atacarlos, ya que contaban con la aprobación del rey inglés, pero existían algunas luchas de poder. Los codiciosos señores siempre buscaban hacerse con más tierras, pero nunca lo hicieron para alterar el statu quo. Cuando llegaba la hora de la batalla, los irlandeses se apoyaban en su número, ya que seguían siendo mayoría en la isla, mientras que los normandos tenían armas y tácticas militares superiores. (Los normandos introdujeron en Irlanda el arco largo y la armadura de malla.) Sin embargo, pronto los señores normandos se dieron cuenta de que el difícil terreno irlandés era más adecuado para una armadura más ligera. Pero los reyes irlandeses empezaron a llevar malla, ya que les proporcionaba la protección necesaria contra los arqueros normandos. La eficacia normanda en la batalla tiene su mejor exponente en la conquista de Connacht en 1235. Pero la lucha por el poder en torno a esta provincia se originó una década antes, cuando Hubert de Burgh dirigía el gobierno de Irlanda. En 1226, concedió Connacht a Richard de Burgh, hijo de su difunto hermano, Guillermo de Burgh (también conocido como Guillermo el Conquistador). Pero los orgullosos reyes O'Connor también reclamaban este territorio, y era su representante, Rory O'Connor, quien se había convertido recientemente en alto rey. Se resistieron a los normandos, y se organizó una resistencia que duró una década. Sin embargo, los irlandeses no pudieron con los normandos y, en 1235, solo los actuales condados de Leitrim y Roscommon permanecían bajo el dominio irlandés. En 1250, los normandos controlaban más de tres cuartas partes de la isla. Conservaban las mejores tierras, las llanuras y las costas, y dejaban a los irlandeses los pantanos, las colinas escarpadas y los bosques.

Renacimiento gaélico

Irlanda seguía careciendo de un liderazgo y un control organizados y, a finales del siglo XIII, los normandos aflojaron su impulso. Ocupaban las mejores tierras y granjas de Leinster y Munster, pero fuera de ahí, solo tenían trozos de territorio aquí y allá. Los normandos también eran pocos, y las familias poderosas no podían extenderse por la falta de herederos varones dispuestos a quedarse. A menudo se iban a Gales, Escocia o incluso al continente para luchar en guerras por Inglaterra. Los irlandeses comenzaron a crecer no solo en número, sino también en su oposición a los normandos. El primero en resistirse a los normandos fue el clan MacCarthy, ya que se encontraban acorralados en el extremo suroeste de la isla. Lucharon contra la rama FitzThomas de la familia Fitzgerald, que poseía las tierras del norte de Kerry. El líder irlandés era Finghim MacCarthy, y derrotó a las tropas de FitzThomas en 1261 en la batalla de Callanan (en el condado de Kerry). La victoria gaélica fue tan grande que aseguró la posición de MacCarthy como gobernante independiente del territorio durante los siglos siguientes. Del mismo modo, cuando los Fitzgerald comenzaron a extenderse hacia el noroeste en 1270, el clan O'Donnell de Donegal se interpuso en su camino. Los irlandeses adaptaron rápidamente sus fuerzas militares, y ahora eran iguales a los normandos. También empezaron a utilizar mercenarios nórdicos-escoceses, conocidos como los gallowglasses (del irlandés *gall óglaigh,* los guerreros extranjeros).

En la segunda mitad del siglo XIII, los irlandeses intentaron reivindicar la unidad política recuperando el título de alta realeza. Pero seguían produciéndose desacuerdos y viejos rencores, y cuando Brian O'Neill de Cenél nEógain reclamó el título en 1258, fue disputado por su vecino, O'Donnell de Donegal. Dos años después, O'Brian murió en una batalla contra los normandos locales. Es interesante que, en 1262/3, los irlandeses ofrecieran el título de alto rey a un forastero. Necesitaban toda la ayuda posible para afirmar su dominio sobre sus tierras, así que ofrecieron el título al rey de Noruega, Haakon IV (1204-1263). Haakon murió antes de desembarcar en Irlanda, pero en 1315, el título se ofreció de nuevo a un extranjero. Esta vez fue Eduardo Bruce (1280-1318), hermano del rey escocés Ricardo Bruce. En mayo de 1315, Eduardo desembarcó en Irlanda, al frente de un ejército de escoceses, y formó una alianza con Donal O'Neill, hijo de Brian. Las fuerzas de Eduardo lucharon contra los colonos anglonormandos durante los tres años siguientes, pero en la batalla de Faughart (condado de Louth) fue asesinado en 1318. Su muerte marcó el último intento de los irlandeses de crear un reino unido, con el que esperaban expulsar a los normandos de la isla. Los esfuerzos por encontrar un líder nacional se extinguieron, y el hecho de que los irlandeses sobrevivieran el resto de la Edad Media puede atribuirse a los caciques locales o a las confederaciones de caciques.

Aunque los intentos del pueblo irlandés de unirse contra el enemigo común fracasaron, consiguieron recuperar grandes partes de su territorio. Sin embargo, no lograron detener por completo la colonización normanda. Los señores asentados del este de Irlanda se trasladaron al oeste. Construyeron nuevos castillos y repartieron las tierras entre los barones normandos, pero carecían de mano de obra, por lo que la mayor parte de la población de los territorios occidentales recién adquiridos siguió siendo irlandesa. Los irlandeses aceptaron trabajar las tierras de los señores normandos, pero por mucho que lo intentaran, estos no consiguieron que la población obedeciera las leyes normandas. En lugar de ello, optaron por obedecer únicamente a sus jefes locales, quienes, a su vez, pagaban tributo a los señores normandos. Como los normandos y los irlandeses se vieron obligados a convivir, algunas familias establecieron relaciones estrechas. Incluso empezaron a casarse entre sí y a aliarse contra enemigos comunes. También se enemistaron entre sí. El resultado de estas disputas locales era el intercambio de tierras, y así una familia se convertía en superior a la otra. Así, los Burghs se enfrentaron a los Fitzgerald entre 1264 y 1296. Los Burghs adquirieron tanto territorio que acabaron siendo señores tanto del Ulster como de Connacht.

Durante el siglo XIV, los normandos se domesticaron en Irlanda y se fueron convirtiendo en "anglo-irlandeses". Llevaban ya varias generaciones en Irlanda y sus intereses en Inglaterra habían desaparecido. Una vez colonizados, se convirtieron en autóctonos, y empezaron a construir su sociedad y sus sistemas políticos y judiciales, que seguían el modelo inglés. Las antiguas asambleas que habían comenzado en el siglo XI tomaron la forma de un verdadero parlamento en 1297. Al mismo tiempo que en Inglaterra, surgió una legislatura bicameral, dividida en la Cámara de los Lores y la Cámara de los Comunes. La primera estaba compuesta por obispos y aristócratas, mientras que la segunda se componía de miembros elegidos entre representantes rurales y urbanos. El primer Parlamento de Irlanda se reunió en 1297 durante el reinado de Eduardo I (r. 1272-1307). Pero el rey Eduardo nunca mostró mucho interés por la isla. La veía como una fuente de hombres, dinero y provisiones para el ejército que enviaba a librar guerras en Escocia, Francia o Gales. Las instituciones inglesas, ya fueran políticas o judiciales, nunca se impusieron en las zonas gobernadas por los señores gaélicos. La brecha cultural entre ingleses e irlandeses era enorme. El Parlamento de 1297 llegó a tomar medidas legislativas contra la adopción por parte de los ingleses de la cultura, los hábitos y las costumbres irlandesas. El uso de la lengua gaélica y los modos de vestir irlandeses, así como las normas morales como los matrimonios de prueba, la facilidad para divorciarse o vender, y el trueque de esposas —todo ello estándar para la sociedad irlandesa— estaban prohibidos para los residentes ingleses.

A principios del siglo XIV, el Parlamento irlandés concedió crecientes poderes a algunas familias anglo-irlandesas. El Parlamento se convirtió en una delegación de autoridad alejada del gobierno real de Londres y, por tanto, fuera de su influencia. Estas familias adquirieron los títulos de condes, y estos títulos les dieron derecho a buscar aún más poder. John Butler (m.1337) fue nombrado primer conde de Ormond en 1329. Las dos ramas de la familia Fitzgerald adquirieron ambos condados. En 1316, John FitzThomas Fitzgerald se convirtió en conde de Kildare, y en 1329, Maurice FitzThomas Fitzgerald se convirtió en conde de Desmond. Con el tiempo, estas familias adquirieron tanto poder que se les concedieron amplias libertades en sus territorios.

La postura del rey Eduardo I respecto a Irlanda fue continuada por sus sucesores Eduardo II (r. 1307-27) y Eduardo III (r. 1327-77). Irlanda fue vaciada de sus recursos y hombres, que fueron enviados a luchar en guerras extranjeras como la guerra de los Cien Años (1337-1453), una larguísima guerra con Francia que casi llevó a Irlanda a la bancarrota. Durante esta guerra, la administración de Dublín quedó reducida a su mínima expresión, ya que no había hombres disponibles para ocupar los cargos. Los que se quedaron eran tan corruptos e incompetentes que llevaron al país a lo más bajo. El gobierno estaba dirigido por los ricos terratenientes, pero no podían mantener un gobierno eficaz. Estos magnates se movían por intereses personales y a menudo tomaban decisiones que perjudicaban a su colonia. Las guerras privadas entre las familias seguían torturando a Irlanda, y los anglo-irlandeses solían emplear a vasallos irlandeses para iniciar revueltas locales y ayudar a su causa. Muchos de los grandes terratenientes decidieron marcharse de Irlanda. De hecho, al final del reinado de Eduardo II, más de la mitad de las tierras de Irlanda estaban en manos de propietarios ausentes. Esto significaba que estas propiedades estaban subdesarrolladas y que los pocos ingresos que producían se iban a Inglaterra. Los terratenientes que decidían abandonar Irlanda dejaban atrás sus castillos y propiedades sin defensa. Esto fue una invitación a los irlandeses a invadir sus propiedades. De repente, los resurgidos líderes gaélicos eran una fuerza a tener en cuenta. La oficina de justicia de Dublín ni siquiera podía garantizar la seguridad de las zonas cercanas. No había suficientes hombres para montar las defensas, y en las montañas de Wicklow, a las puertas de

Dublín, los caciques O'Bryne y O'Toole libraron guerras de guerrillas. Los líderes irlandeses aceptaron el gobierno del rey inglés, siempre que se mantuviera lejos de Irlanda, dejándoles en paz para disfrutar de sus antiguas tradiciones y seguir el antiguo sistema de leyes irlandés. Siempre desafiaron la autoridad de la administración real y se negaron a reconocer la ley inglesa. Los lores irlandeses se negaron a formar parte del Parlamento irlandés y, con el tiempo, perdieron su derecho a votar o a presentarse como candidatos. Los ingleses los consideraban a menudo como salvajes, extranjeros y forajidos.

La guerra no fue la única razón del abandono de Irlanda. La hambruna del norte de Europa azotó a Irlanda en 1315 y se prolongó durante muchos años, lo que hizo que la gente se fuera a buscar suerte a otros lugares. Otra tragedia del siglo XIV golpeó a Irlanda aproximadamente al mismo tiempo: la peste negra. Dublín y Drogheda se despoblaron en cuestión de semanas y la colonia anglo-irlandesa entró en pánico. Allí, las aldeas y ciudades eran más numerosas y estaban más pobladas. La peste bubónica se extendió por sus territorios como un reguero de pólvora. Las zonas rurales gaélicas también se vieron afectadas, pero en mucha menor medida, ya que la población allí era escasa. La plaga, la hambruna y la peste trajeron un nivel de penuria completamente nuevo a Irlanda, que ya estaba desgarrada por constantes feudos y batallas. Muchos colonos ingleses regresaron al continente, y el resurgimiento del gaélico continuó sin ser perturbado.

A mediados del siglo XIV, la crisis se apoderó de las colonias inglesas en Irlanda. La extinción de los colonos ingleses era inminente. Pidieron ayuda a la Corona, y la respuesta llegó de dos formas distintas: el envío de expediciones y la promulgación de leyes. La guerra de los Cien Años se detuvo en 1360 con el tratado de Brétigny, lo que permitió a la Corona enviar recursos a Irlanda. El rey Eduardo III envió a su hijo, el príncipe Lionel, al frente de una expedición de 1.500 hombres. Llegaron a Irlanda en septiembre de 1361 y montaron una defensa contra los gaélicos. El príncipe permaneció en Irlanda durante cinco años y actuó como jefe de gobierno. Convocó el Parlamento en 1366 y promulgó los Estatutos de Kilkenny, las ordenanzas que codificaban la legislación colonial y que prohibían a los ingleses adaptarse a la cultura irlandesa, entre otras cosas. Las más importantes de estas ordenanzas prohibían la ley brehon irlandesa, las guerras privadas y la venta de armas a los gaélicos en tiempos de guerra, y de alimentos y caballos en tiempos de paz. También se reconoció formalmente la división entre las sociedades eclesiásticas anglo-irlandesas y gaélicas. El príncipe Lionel intentó poner orden en Irlanda con estas ordenanzas, pero resultaron inaplicables en la mayoría de los casos. Incluso sus campañas militares contra los irlandeses no consiguieron, en última instancia, el control real sobre los territorios que poseía, por no hablar de otros señores ingleses de la isla. En cuanto partió, volvieron a surgir las quejas de que el dominio inglés estaba en ruinas.

Guillermo de Windsor dirigió otra expedición en 1369. Era un veterano experimentado que había servido a la Corona en las guerras contra Francia. Permaneció en Irlanda hasta 1372, pero volvió una vez más en 1373 y se quedó hasta 1376. Se le recuerda por haber aplicado fuertes impuestos a los anglo-irlandeses, que utilizó para financiar su ejército. Aunque se le encomendó la reconquista de la isla, Guillermo personalmente nunca tuvo ambiciones tan grandes. Prefería librar pequeñas guerras, que eran más bien de carácter defensivo. Creó y mantuvo guarniciones locales en toda Irlanda, pero solo para poder montar defensas eficaces cuando fuera necesario. A finales del siglo XIV, los señores anglo-irlandeses locales se dieron cuenta de que tendrían que levantar sus ejércitos para defenderse con éxito, ya que Guillermo Windsor no pudo proteger la ciudad real de Limerick, que fue incendiada por las fuerzas de O'Toole. Dejaron de enviar dinero a la Corona para poder pagar a los soldados, y la Corona necesitaba encontrar una nueva fuente de dinero. El rey intentó obligar a los terratenientes ausentes a regresar a Irlanda emitiendo un estatuto que amenazaba con que sus posesiones en Irlanda serían confiscadas a la Corona. Sin embargo, este estatuto fracasó. Los señores ausentes prefirieron vender sus posesiones irlandesas antes que regresar y pagar para defenderlas. La mayor parte de las tierras abandonadas ya estaban colonizadas por los irlandeses, que habían aprovechado la ausencia de los terratenientes.

En 1375, Art MacMurrough Kavanagh (1357-1417) se proclamó rey de Leinster y los O'Brien se hicieron con Munster. En Connacht, solo la familia anglo-irlandesa de los Burks representaba una fina capa de ingleses entre la sociedad predominantemente irlandesa. En el este del Ulster, solo quedaban unos pocos asentamientos anglo-irlandeses prósperos. Si los ingleses querían recuperar el control de Irlanda, tendrían que tomar medidas radicales. Sin embargo, Eduardo III no estaba dispuesto, y el asunto tendría que esperar a la mayoría de edad de su nieto Ricardo II (r. 1377-99), ya que solo tenía diez años cuando se convirtió en rey. Pero una vez que Ricardo dirigió su atención hacia Irlanda, lo hizo de forma muy espectacular. Fue el primer rey que llegó a Irlanda en 1210, y lo hizo con una fuerza de unos 10.000 hombres. Ricardo tuvo la oportunidad de imponer su autoridad sobre Irlanda al crear una tregua en la guerra de los Cien Años y en la guerra con Escocia. Sus guerras en Irlanda tuvieron éxito. Llevó a MacMurrough a la destrucción y le obligó a aceptar un tratado. El rey irlandés de Leinster se sometió formalmente el 5 de enero de 1395. Una de las exigencias de Ricardo fue que Art MacMurrough abandonara Leinster, a lo que el líder irlandés obedeció. Ricardo II tardó solo unos meses en conseguir la sumisión de los grandes señores gaélicos: O'Bryne, O'Toole, O'Nolan y O'Neill. Hicieron la guerra entre enero y abril de 1395 y, para entonces, todos los señores se habían sometido. Ricardo estaba preparado para abandonar la isla el 15 de mayo, confiado en haber dejado Irlanda en paz y en orden.

Pero la guerra no tardó en estallar de nuevo, y Ricardo se vio obligado a regresar a Irlanda en 1399, ya que su presunto heredero, Mortimer (1374-98), había muerto en la batalla. Ricardo llegó con un pequeño ejército, pero no pudo hacer mucho antes de tener que zarpar de nuevo. En Inglaterra, Enrique Bolingbroke había usurpado el trono y gobernaba como Enrique IV (r. 1399-1413). Durante el resto de la Edad Media, los gobernantes ingleses no volvieron a Irlanda, aunque pasaron el título de "Señor de Irlanda" a sus herederos. Inglaterra estaba preocupada por los problemas dinásticos y las guerras extranjeras (guerra de los Cien Años) y nacionales (guerra de las Rosas), que dejaron a la monarquía tan débil que no podía prestar atención a las preocupaciones irlandesas. La colonia inglesa en la isla fue abandonada a su suerte. A lo largo del siglo XV, tuvo que defenderse constantemente porque los señores irlandeses habían renunciado a su lealtad al rey inglés poco después de la partida de Ricardo. Los anglo-irlandeses y los ingleses empezaron a perder territorios de nuevo y se fueron asimilando poco a poco a la sociedad gaélica. A mediados del siglo XIV, los señores gaélicos poseían más del 65% de Irlanda. Para proteger la poca tierra que aún poseían, los anglo-irlandeses optaron por pagar la "renta negra", un soborno a los señores gaélicos para que se abstuvieran de atacar. Los residentes ingleses empezaron a abandonar la isla de nuevo, y los terratenientes dependían en gran medida de los arrendatarios irlandeses. El gobierno inglés se limitó a Pale-Dublin y sus alrededores, a unas veinte millas (32 km) de la ciudad.

Irlanda en el siglo XV

La Irlanda gaélica estaba dividida en un mosaico de territorios gobernados por señores locales. Los responsables del poder eran los tres condados: Ormond, Desmond y Kildare. En el norte de Munster, el clan Desmond adquirió el poder mediante el matrimonio con los jefes MacCarthy. De hecho, amasaron tanto poder que incluso las ciudades anglo-irlandesas quedaron sometidas a su autoridad. James Butler, cuarto conde de Ormond, se anexionó la ciudad real de Kilkenny, incluidas las tierras pertenecientes a la iglesia. Fundó su propia asamblea local, que actuó como el equivalente del Parlamento irlandés, ejerciendo los poderes de legislación y recaudación de impuestos. En Meath, los condes de Kildare ejercían el señorío sobre los jefes irlandeses y, a mediados del siglo XV, comenzaron a extender su influencia hacia el norte. Allí, los jefes O'Neill de Tyrone prestaron a los señores su ayuda militar. La autoridad real estaba completamente ausente, y tanto los Butler como los Desmond trataron de convertirse en los principales protectores de los intereses ingleses en Irlanda. Su rivalidad era tan intensa que sus esfuerzos por repeler a sus vecinos gaélicos cayeron en el segundo plan. Las familias anglo-irlandesas solían aliarse con los jefes de guerra gaélicos para poder librar con mayor eficacia sus batallas dinásticas. Pero los jefes gaélicos tenían sus propias rencillas familiares, peleándose entre las distintas ramas de un mismo clan, e intentaban apoderarse del territorio de sus enemigos, utilizando las alianzas recién creadas. Estas alianzas entre anglo-irlandeses y gaélicos eran inestables y a menudo se rompían. Estos frecuentes cambios de poder significaban que cada familia, ya fuera anglo-irlandesa o irlandesa, no podía extender su control más allá de su capacidad para imponerlo. Los condados anglo-irlandeses de Desmond y Ormond seguían siendo demasiado poderosos para cualquier resurgimiento del dominio nativo, y ningún lord irlandés tenía suficiente poder para desafiar a los terratenientes anglo-irlandeses.

Ninguna de las familias irlandesas consiguió revivir la alta realeza, y a lo más que podían aspirar era a una confederación que les ayudara a luchar contra el desafío anglo-irlandés. En el siglo XV se hicieron varios intentos de crear dicha confederación, pero todos fracasaron. Los señores nativos no fueron capaces de crear alianzas duraderas, pero incluso si lo conseguían, no había garantía de que fueran lo suficientemente poderosos como para luchar contra los terratenientes anglo-irlandeses. Estos terratenientes estaban dispersos, pero poseían los territorios más densamente poblados y que más rendían con la agricultura. La agricultura había sido la principal fuente de ingresos de los siglos anteriores, pero durante el siglo XV se produjeron cambios significativos. Los colonos normandos se concentraron en la labranza de la tierra y crearon un excedente de cultivos de grano para la exportación. Pero a finales de la Edad Media surgió una nueva tendencia: el pastoreo. De repente, la concentración pasó de la agricultura a los productos ganaderos y ovinos. Se desarrolló la industria textil nacional, y la exportación de lana de oveja disminuyó mientras aumentaba la demanda de pieles de vacuno. Otros materiales de exportación eran la madera, ya que Irlanda aún contaba con extensos bosques, y las pieles de animales salvajes como el zorro, la ardilla y la nutria. El pescado siempre fue un producto básico de exportación de Irlanda, pero hacia finales del siglo XV se desplazó a la industria del lino y tela. Gran parte de los productos de lino y tela irlandeses se exportaban, y el más famoso era el manto irlandés, un artículo distinguido. La pesca seguía aportando ingresos constantes, pero sobre todo porque las flotas pesqueras española e inglesa pagaban a las comunidades locales por los derechos de explotación de las aguas cercanas. Irlanda incluso empezó a importar arenques de España, así como hierro para la fabricación de herramientas, sal para la conservación de alimentos y vino. La mayor parte del comercio estaba en manos de mercaderes anglo-irlandeses e ingleses que adquirían las licencias correspondientes, aunque algunos consumidores y productores irlandeses nativos se convirtieron en participantes esenciales en los mercados urbanos.

Los anglo-irlandeses siguieron exigiendo un alto grado de autonomía, pero nunca pensaron seriamente en separarse por completo de la Corona inglesa. Se aseguraron de poner a los suyos en el gobierno de Irlanda, y pronto empezaron a privatizar y monopolizar la administración en Dublín. En el siglo XV, el cargo de justiciar se denominaba lord teniente —gobernador principal de la colonia. Desde la década de 1420 hasta la de 1440, el titular frecuente de ese cargo era el conde de Ormond, y se jugaba la Cámara de los Comunes con su gente, incluso con los que apoyaban a los irlandeses. A menudo invitaban a ingleses e irlandeses a tomar las armas en apoyo de la agenda del conde cada vez que un oponente político ocupaba el puesto de gobernador. El principal enemigo del conde de Ormond era Sir John Talbot, primer conde de Shrewsbury, que mantenía una alianza política con su hermano Richard Talbot, arzobispo de Dublín. Esta rivalidad entre los Butler y los Talbot dividió a la colonia anglo-irlandesa durante generaciones. En realidad, esta división no era más que el reflejo de una de las guerras de las Rosas inglesas, una guerra civil que involucraba a las casas aristocráticas rivales de Lancaster (rosa roja) y York (rosa blanca), que competían por el trono inglés. John Butler y sus fuerzas de Ormond se pusieron del lado de los Lancaster, y al igual que sus modelos en Inglaterra, también fueron derrotados en la batalla de Piltown en 1462. Thomas Fitzgerald fue el vencedor y se convirtió en el hombre más poderoso de Irlanda. En 1463, Fitzgerald se convirtió en el octavo conde de Desmond y lord teniente de Irlanda, proclamado así por el recién instalado rey de York, Eduardo IV (r. 1461-70 y 1471-83).

El conde de Desmond era muy popular y, al igual que sus predecesores, comenzó a establecer alianzas con los señores gaélicos. El resultado fue su ascenso al tremendo poder. Sin embargo, esto era exactamente lo que el rey Eduardo le había prohibido hacer. Sus acciones provocaron la ira de los residentes ingleses de Pale, que le acusaron de extorsionarles para mantener su ejército privado. Eduardo IV finalmente intervino activamente nombrando a Sir John Tiptoft (1427-1470), conde de Worcester, como gobernador principal. Sir Tiptoft era conocido como "el carnicero de Inglaterra" porque ejecutaba sin piedad a cualquiera que se atreviera a enfrentarse al rey. Acusó al conde de Desmond y a su cuñado, el conde de Kildare, de traición por ser aliados de los irlandeses nativos. Los citó a ambos para que respondieran por sus crímenes y los hizo decapitar el 14 de febrero de 1468. Tanto los anglo-irlandeses como los gaélicos se horrorizaron por ello y se rebelaron, obligando al rey a retirar a Sir John Tiptoft. En 1487, también convencieron al rey para que pusiera al conde de Kildare en el cargo gubernamental. El representante de Kildare, conocido como "Garret Mor" (Gran Garret) Fitzgerald, se propuso asegurar el control absoluto del gobierno. No era el más poderoso entre los señores anglo-irlandeses, pero tenía una gran ventaja: la posición geográfica de su condado. La proximidad de Kildare a Dublín proporcionó a Garret una posición estratégica sorprendente para hacerse con el poder de forma rápida y firme. Como lord teniente de Irlanda, tenía un control absoluto sobre el Parlamento y sus miembros. Utilizó su poder político y su influencia, no para convertirse en un gobernante independiente, sino para promover la causa de los York. Se mantuvo leal al rey y a la dinastía inglesa.

En 1487, el conde de Kildare jugó a ser el hacedor de reyes cuando se negó a reconocer la victoria y la coronación del pretendiente lancasteriano al trono, Enrique VII (r. 1485-1509). En su lugar, recibió en Irlanda a Lambert Simnel (1475-1535), sobrino de Eduardo IV. Lambert fue coronado como rey de Inglaterra y Dublín el 24 de mayo de 1487. Pero cuando Lambert regresó a Inglaterra, no consiguió asegurar su título. En 1491, Fitzgerald dio la bienvenida a otro pretendiente yorkino al trono inglés, Perkin Warbeck (1474-1499). Esta vez, tanto el conde de Desmond como el de Kildare conspiraron para ponerlo en el trono, pero finalmente fracasaron. Inseguro en su trono, Enrique VII vio en Irlanda un refugio para sus oponentes políticos, y en 1494 envió a Sir Edward Poynings, un soldado y administrador, a convocar el Parlamento irlandés. El resultado fue la reafirmación de los Estatutos de Kilkenny, en los que se prohibía a todos los colonos ingleses y anglo-irlandeses el uso de la ley y las costumbres, pero no del idioma. Pues, a estas alturas, la lengua irlandesa era ampliamente hablada, y el inglés estaba restringido a Pale y a algunas de las ciudades más grandes. Pero la disposición más célebre fue la Ley Poynings, que prohibía al Parlamento irlandés reunirse sin la aprobación del rey. También exigía el consentimiento real de toda la legislación antes de su aprobación en el Parlamento de Dublín. Esta ley era el intento de la Corona de quitarle al lord teniente la capacidad de convocar al Parlamento y utilizarlo contra el rey o los intereses reales.

Sir Edward Poynings sospechaba que el conde de Kildare, Garret Mor, se había aliado con los irlandeses que residían en el norte, y ordenó su detención y encarcelamiento acusado de traición. Como antes, este acto solo instigó rebeliones generalizadas en las que los irlandeses atacaron las fronteras de los condados de Louth, Meath, Dublín y Kildare. El rey Enrique VII carecía de dinero y ejército para ocuparse de Irlanda, y no pudo hacer otra cosa que volver a instalar a Garret, conde de Kildare, como lord teniente en 1499. Permaneció en este cargo hasta su muerte en 1513, y le sucedió su hijo, "Garret Og" (el joven Garret) Fitzgerald (1487-1534).

Capítulo 5 - El poder protestante en Irlanda

Representación de Hugh O'Neill en un fresco del Vaticano
https://en.wikipedia.org/wiki/Nine_Years%27_War_(Irlanda)#/media/File:Hugh_O'Neill,_1608.jpg

En el siglo XVI, Europa estaba dividida por la religión. Con las demandas de reforma de la Iglesia formuladas por Martín Lutero en Alemania, el protestantismo comenzó a extenderse. Pero el siglo XVI en Inglaterra también vio el ascenso de la Casa de Tudor y de los dos gobernantes que más tiempo reinaron, Enrique VIII y su hija Isabel I, que trataron de consolidar su poder en todas las posesiones inglesas. La salida de Enrique de la Iglesia católica romana en 1534 trajo consigo la necesidad de convertir a Inglaterra en protestante, lo que la pondría a salvo de las nuevas turbulencias religiosas que asolaban Europa. Enrique VIII e Isabel intentaron reconquistar Irlanda y plantar allí el protestantismo. Sin embargo, los anglo-irlandeses actuaron como protectores del catolicismo y el poder inglés disminuyó. Para los ingleses, los anglo-irlandeses eran tan desleales como los irlandeses gaélicos. Como tales, se les consideraba rebeldes y personas culturalmente inferiores. El protestantismo no fue lo único que los reyes ingleses intentaron plantar en Irlanda. Recolectaron la isla con ingleses leales a la Corona, intentando eliminar a los nativos y sustituirlos por su propia gente, que, esperaban, echaría raíces en Irlanda.

Pero esta siembra de gente en Irlanda era un trabajo en progreso, y necesitaba tiempo. Aun así, el objetivo de reemplazar completamente a los nativos nunca se logró realmente. En 1598, el gran conde del Ulster, Hugh O'Neill, fue derrotado. Era el símbolo de la resistencia irlandesa, y su caída marcó el cenit de la población nativa. Sin embargo, la voluntad católica de resistir perseveró. Los irlandeses nativos se unieron a los terratenientes católicos anglo-irlandeses para organizar una de las mayores rebeliones de Irlanda en 1641, pero su insurgencia católica fue aplastada y perdieron la mayor parte de sus tierras. Su religión fue reprimida sin piedad, y los ejércitos de los puritanos de Oliver Cromwell asaltaron la isla. Solo cuando Carlos II fue restaurado en el trono, los católicos cobraron impulso, que aprovecharon para volver a ser la religión dominante en Irlanda. Con el rey Jacobo II, también católico, los irlandeses tuvieron un momento de paz, pero en Inglaterra, la lucha por el poder dinástico llevó a su derrocamiento y a la instauración del protestante Guillermo III. Una vez más, las luchas entre católicos y protestantes se sucedieron, y el resultado fue la pérdida católica del derecho a poseer tierras, ya fueran gaélicas irlandesas o anglo-irlandesas. Todas estas luchas no hicieron sino cimentar la división de la sociedad irlandesa. La gente ya estaba dividida por motivos raciales, y ahora la batalla religiosa añadía una nueva capa de división. Los ingleses eran protestantes y los irlandeses católicos, y el acuerdo de 1693 dio el poder político y económico a los ingleses.

La sociedad de Irlanda en el siglo XVI

La sociedad de Irlanda estaba formada por gente segmentada que vivían lado a lado. Los irlandeses gaélicos contaban con unos sesenta señores de mayor o menor categoría. Algunos de ellos eran descendientes de antiguos reyes provinciales, y su autoridad fue siempre completamente independiente de Inglaterra. En el Ulster, donde la presencia inglesa se reducía a unos pocos asentamientos dispersos, los irlandeses gaélicos eran los más poderosos. Los señores gaélicos mantenían allí un control total sobre las tierras, pero sus compatriotas podían encontrarse en toda Irlanda. Habían Kavanagh y O'Bryne en Leinster, O'Connor y O'Kelly en Connacht, y O'Brien y MacCarthy en Munster. La población irlandesa de estos territorios no reconocía la autoridad del rey o de los señores ingleses. Solo respondían a sus líderes gaélicos, y los ingleses los consideraban enemigos de la Corona. Los señores gaélicos irlandeses compartían el gobierno de la tierra con los grandes señores anglo-irlandeses. Los ingleses contemporáneos consideraban a los anglo-irlandeses como los ingleses rebeldes. Estaban demasiado adaptados a la cultura gaélica e incluso hablaban el idioma. Los anglo-irlandeses estaban dirigidos por la poderosa familia Fitzgerald de Kildare. Durante los primeros años del reinado de Enrique VIII, el octavo y el noveno conde de

Kildare ejercieron de lord teniente de Irlanda. Otros señores anglo-irlandeses eran los Fitzgeralds de Desmond, los Barrys y los Powers en Munster; los Butlers, Dillons y Tyrrells en Leinster; los Burkes en Connacht; y varias familias completamente aisladas. Todas ellas reconocían la autoridad de la Corona inglesa, pero operaban en gran medida de forma independiente.

La Corona solo tenía un control total sobre el English Pale y los territorios de los valles fluviales del este y el sureste de Irlanda. Estas zonas estaban habitadas por los "antiguos ingleses", descendientes de los conquistadores normandos. Eran funcionarios del gobierno, comerciantes, la baja burguesía y profesionales. A los ojos de la sociedad inglesa, eran los únicos de alta posición económica y civil que se consideraban cosmopolitas. Estaban deseosos de ampliar su jurisdicción y comercio en otros territorios irlandeses, y se oponían obstinadamente tanto a los gaélicos como a los anglo-irlandeses.

Las regiones irlandesas e inglesas eran muy diferentes en los aspectos económicos. La vida rural prevalecía en todas partes, y la agricultura pastoril seminómada era el principal estilo de vida de la población. Resultaba muy útil poder trasladar rápidamente el hogar y su ganado en un país donde las guerras eran habituales. El campo estaba lleno de enormes rebaños de ganado vacuno y ovino cuyo valor residía en su leche, piel y lana, no en su carne. Existían granjas aisladas, pero dispersas por todo el paisaje de Irlanda. Un clan familiar alquilaba la tierra, y podían ser entre una docena y varios cientos. Este sistema comunal se denominaba *rundale*, y cada familia disponía de una pequeña porción de tierra sin vallar para el cultivo y los pastos cercanos. Esta tierra se redistribuía entre los miembros de la familia a la muerte de la cabeza de familia. Algunos clanes aplicaron una nueva ley de redistribución de la tierra con carácter anual. De este modo se garantizaba que todos los miembros de la comunidad tuvieran suficiente tierra para mantenerse.

Los asentamientos anglo-irlandeses contrastaban con los gaélicos. Los anglo-irlandeses tenían prácticas agrícolas más avanzadas y los arrendatarios poseían las tierras más fértiles de Irlanda. Estaban familiarizados con la agronomía del sur de Inglaterra, lo que les permitía cultivar una amplia gama de productos. En los territorios gaélicos, la pala seguía siendo la principal herramienta de labranza, pero los anglo-irlandeses ya utilizaban el arado. La población vivía en aldeas o comunidades permanentes, por lo que no necesitaba desplazarse. Los asentamientos anglo-irlandeses contaban con tiendas, mercados e iglesias, todos ellos situados muy cerca de las grandes casas señoriales en las que residían los señores y su familia. Pero la vida comercial se limitaba a las ciudades, pobladas en gran parte por los ingleses. Los caciques gaélicos exigían fuertes impuestos por el derecho a comerciar en su territorio, lo que hacía imposible la existencia de las ciudades en ellos. Los mercaderes ingleses se concentraban sobre todo en las ciudades portuarias, desde las que podían gestionar el comercio de ultramar. Pero este comercio era muy limitado, normalmente a cueros, sebo y lino domésticos. Importaban sal, vino y productos manufacturados.

El siglo XVI también fue conocido por una autoridad eclesiástica muy limitada. Los codiciosos caciques y señores usurparon la jerarquía religiosa, y los poderes seculares la sustituyeron. Como Irlanda estaba tan aislada de Roma y tenía poca o ninguna influencia papal, el sacerdocio se convirtió en una profesión hereditaria en las zonas gaélicas. Los dirigentes irlandeses tomaron disposiciones para apoyar a los clérigos, al igual que hicieron con los abogados y los bardos. Consideraban a estos profesionales como sus clientes. Pero el nombramiento de títulos episcopales se reservaba en gran medida a los parientes de los señores y caciques. Incluso en los territorios ingleses de Irlanda, los señores se esforzaban por nombrar a los obispos, casi siempre entre los miembros de sus propias casas nobles. Los monjes de la orden franciscana, que actuaban sobre todo en los territorios gaélicos, fueron los primeros en exigir reformas religiosas. Pedían una renovación espiritual y el fin del control de los señores sobre la iglesia. Una vez que Enrique VIII inició cambios radicales para imponer la autoridad real sobre la iglesia, los monjes irlandeses fueron los primeros en oponerse a él.

Enrique VIII, rey de Irlanda

Durante la primera mitad de su gobierno, Enrique VIII (1491-1547) estuvo preocupado por las guerras en Europa, y prestó poca atención a Irlanda. Su principal preocupación a lo largo de su reinado fue consolidar su poder. En la década de 1530, se hizo evidente que no tenía ninguna autoridad en Irlanda. Los condes de Kildare monopolizaban el poder, lo que atrajo la atención del monarca inglés. Enrique sintió que su monarquía estaba amenazada y que debía actuar en Irlanda. Pero prefería una solución pacífica porque sus recursos ya estaban agotados por los compromisos y las guerras que libraba en otros lugares. Al final, el rey mezcló los medios marciales con la diplomacia para asegurar su autoridad en la isla.

Enrique estaba decidido a frenar a los anglo-irlandeses que actuaban de forma independiente y a las principales familias irlandesas. Eso significaba principalmente tratar con los Fitzgerald de Kildare. En ese momento, el lord teniente Gerald FitzGerald, "Garret Og", trabajaba incansablemente para convertir este cargo gubernamental en un título hereditario. Partió hacia Inglaterra en 1534, pero antes se aseguró de que su hijo Thomas, Lord Offaly ("Silken Thomas", 1513-37), fuera nombrado lord teniente. Al igual que su padre, Thomas no perdió el tiempo y desafió inmediatamente la autoridad real. En junio de 1534, lanzó una rebelión que duró un año y dos meses. Al final, la rebelión fue sofocada por Sir William Skeffington, representante del rey. Silken Thomas se rindió en agosto de 1535, y el rey lo hizo ejecutar, junto con sus cinco tíos. La rebelión fue el comienzo de la caída de la

Casa de Kildare. Pero también fue el comienzo del predominio anglo-irlandés en Irlanda. Desde el día en que terminó la rebelión, todos los lord-tenientes nombrados fueron ingleses.

El 18 de junio de 1541, el Parlamento irlandés celebró una sesión en la que se decidió que Enrique VIII y sus sucesores ya no llevarían el título de "Señor de Irlanda", sino de "Rey de Irlanda". A este parlamento asistieron muchos anglo-irlandeses y gaélicos irlandeses, y todos ellos tuvieron que prestar juramento al rey inglés. Enrique tomó la corona de Irlanda porque necesitaba ver la isla asegurada bajo el dominio inglés. Dirigió una campaña para intentar persuadir a los anglo-irlandeses e irlandeses de que aceptaran el hecho de que la Corona inglesa tuviera autoridad sobre su isla. El siguiente lord teniente, Anthony St. Leger, aprobó una política de "Rendición y reconcesión". Esto significaba que si los terratenientes renunciaban a sus posesiones y las entregaban a la Corona, esta se las devolvería como feudos. Los que aceptaban esto eran convertidos en nobles. Los O'Brien se convirtieron en condes de Thomond. Pero a cambio de los feudos, los irlandeses debían obedecer las leyes y costumbres inglesas. Los irlandeses que reconocieron esta política recibieron el mismo estatus que los anglo-irlandeses. Ahora tenían acceso a los tribunales reales y a la plena protección garantizada por la ley inglesa. "Rendición y reconcesión" resultó ser atractivo, ya que incluso el gran señor del Ulster, Evan O'Neill, viajó a Londres para arrodillarse ante el rey y jurar lealtad. A cambio, fue nombrado conde de Tyrone. Al final del reinado de Enrique VIII, más de cuarenta señores irlandeses se habían sometido a la Corona inglesa.

Pero la campaña de Enrique no fue suficiente, ya que no todos los irlandeses fueron tan fácilmente persuadidos. En la mayoría de los casos, la política de "Rendición y reconcesión" solo se siguió nominalmente, y de vuelta a su tierra, los irlandeses seguirían actuando como antes, haciendo caso omiso de las leyes inglesas. Pronto llegaron funcionarios reales militantes para confiscar y reconquistar la isla, socavando la labor diplomática. Los ávidos buscadores de tierras ingleses se apoderaron de territorios en el centro de Leinster y convencieron a los señores irlandeses de que el objetivo final de la Corona era quitarles sus propiedades. Pero Enrique fue obstinado e insistió en convertir a los irlandeses en sus leales súbditos. Sin embargo, con la introducción de las reformas religiosas, solo consiguió alejarlos aún más de la idea de reconocer su autoridad.

En 1534, Enrique abolió la jurisdicción del papa en Inglaterra porque Roma le negó el derecho a divorciarse de su esposa, la reina Catrina de Aragón, que no le dio un hijo. Enrique quería asegurarse de que su dinastía siguiera ocupando el trono inglés, pero sin un hijo, este sueño estaba en peligro. Se autoproclamó "Jefe Supremo de la Iglesia de Inglaterra" para poder divorciarse y volverse a casar. En 1536, cortó todos los lazos de la Iglesia inglesa con la Iglesia católica romana. Como era el gobernante de Inglaterra e Irlanda, quería imponer las mismas doctrinas religiosas en todos sus reinos. El Parlamento irlandés aprobó la ley que reconocía al rey Enrique VIII como único jefe de la Iglesia de Irlanda, y el gobierno real comenzó a cerrar monasterios en todo el país, algo que ya se había hecho en Inglaterra. Al cerrar los monasterios, la familia real obtuvo una riqueza increíble.

Pero en Irlanda, la conversión y confiscación de las tierras de la iglesia no fue tan sencilla como en Inglaterra. Los monjes nativos clamaban por la restauración de los poderes de la iglesia, no por su completa disolución. Estos monjes no tardaron en ganarse el apoyo de los señores gaélicos y anglo-irlandeses. Presentaron a los Fitzgerald de Kildare como cruzados contra la reforma religiosa, y estos aceptaron de buen grado el papel. Los irlandeses nativos tenían iglesias organizadas por separado, y los cambios religiosos que el rey quería implementar les daban una razón para impulsar la independencia de Irlanda. La Corona preveía la oposición gaélica irlandesa y anglo-irlandesa al cambio, pero le pilló completamente por sorpresa que los "viejos ingleses" se unieran también a la resistencia. Siempre habían sido leales a la Corona, y su participación en la rebelión tendría consecuencias que marcarían la historia de Irlanda. En los territorios donde residían los ingleses, muchos clérigos no estaban dispuestos a aceptar la reforma religiosa. Prefirieron renunciar a sus cargos. Muchos abogados, comerciantes e incluso funcionarios del gobierno retiraron a sus hijos de las universidades inglesas, que ahora contaban con profesores protestantes. Los enviaron a las universidades europeas, donde enseñaban los jesuitas, una orden creada específicamente como contrarreforma en 1540.

Tras la muerte de Enrique VIII, las reformas religiosas continuaron bajo el gobierno de sus sucesores, Eduardo IV (r. 1547-53) e Isabel I (r. 1558-1603). La única excepción fue la reina María I (r. 1553-58), ya que era una católica devota que restauró la antigua fe en Inglaterra. La Iglesia de Irlanda fue sancionada, pero siguió funcionando, copiando al prelado católico romano. El jefe de la iglesia era el arzobispo de Armagh, y era responsable de la Iglesia de Irlanda en toda la isla. Al mismo tiempo, ejercía de obispo de Armagh. Disfrutaba de todos los privilegios reservados en su día a los altos clérigos católicos. Nadie conoció nunca las convicciones religiosas precisas de la reina Isabel, y siguen siendo un misterio, ya que centró su gobierno en la política, no en la religión. Para ella, el mantenimiento de la supremacía real era la principal preocupación, y las cuestiones religiosas solo servían a este propósito. Cuando empezó a gobernar, Isabel era una joven inexperta, hija de Enrique VIII y su segunda esposa, Ana Bolena. Como su padre había anulado ese matrimonio, Isabel era considerada su hija ilegítima; por lo tanto, su acceso al trono de Inglaterra era muy inseguro. Isabel nunca tuvo un celo ardiente por los principios protestantes, y era tolerante con sus súbditos católicos. Pero no podía soportar a los desleales. Los católicos eran los que la consideraban ilegítima, y por ello necesitaba proceder al alineamiento de sus reinos con el grupo religioso que la aceptaba como su reina.

Mediante el Acuerdo Isabelino de 1559, se declaró que el monarca inglés era el único gobernador supremo de los asuntos eclesiásticos y temporales. Las doctrinas centrales del culto protestante se establecieron en el Segundo Libro de Oración Común (1552) y, posteriormente, en los Treinta y Nueve Artículos de 1563. Esto no hizo sino endurecer la división religiosa en Inglaterra e Irlanda. El Parlamento irlandés aprobó en 1560 el Acta de Establecimiento Isabelino, que convertía a la reina en cabeza del Estado y de la Iglesia de Irlanda. Todos los funcionarios del gobierno, los arrendatarios en jefe, los profesores universitarios, los alcaldes de las ciudades y los condes y nobles recién nombrados fueron obligados a aceptar y reconocer el nuevo estatus de la reina. Ese mismo año, el Parlamento irlandés aprobó el Acta de Uniformidad, promulgada en Inglaterra un año antes, por la que se obligaba a todo el clero a utilizar el Libro de Oración Común como única doctrina sagrada. Se decretó el idioma inglés como lengua del Libro y, en Irlanda, la iglesia debía pagar una multa si utilizaba el gaélico.

Las reformas de la reina Isabel encontraron una resistencia mucho más dura en Irlanda que las de su padre, principalmente porque Enrique mantuvo intactas las doctrinas católicas ortodoxas. Fue excomulgada por el papa Pío V (r. 1566-72), lo que significaba que sus súbditos católicos quedaban absueltos de obedecerla. Los irlandeses gaélicos llevaban mucho tiempo resentidos por el gobierno extranjero de sus tierras, y estas reformas religiosas no hicieron más que aumentar ese resentimiento. Incluso los antiguos ingleses seguían siendo fieles al catolicismo en Irlanda, lo que significaba que ya no eran leales a la Corona. Se negaban a participar en la religión del Estado y, por tanto, no podían ocupar cargos estatales. El gobierno inglés aprovechó la nueva situación en Irlanda para nombrar a ingleses de origen protestante para los cargos de Dublín. Al deshacerse de los ingleses y anglo-irlandeses desobedientes del Parlamento irlandés, la Corona inglesa pudo tomar un control más directo sobre la isla.

El control de Isabel sobre Irlanda

Bajo la reina Isabel, Inglaterra comenzó a desarrollar su nacionalismo, compuesto por el dominio económico en el mundo conocido, el protestantismo militante y la arrogancia cultural. Todo ello se reflejó en Irlanda, donde la agresividad hacia las políticas inglesas fue en aumento. En Inglaterra se pedía la eliminación definitiva de los terratenientes católicos, pero al principio, Isabel no estaba motivada. Quería promover los intereses ingleses en Irlanda, pero no si eso le costaba el gobierno. Así que decidió ir con cuidado. El lord teniente Thomas Radclyffe (r.1560-1564) pidió un acuerdo militar para los territorios del centro del país y la restauración de las prácticas inglesas en los señoríos anglo-irlandeses. Comenzó a formar el ejército, pero los residentes ingleses de Pale, temerosos de los impuestos recién instaurados que debían abastecer a la milicia, lograron convencer al gobierno de que se deshiciera de él. El siguiente lord teniente, Sir Henry Sidney de Sussex (r. 1565-1571), se dedicó a derrotar al obstinado señor del Ulster, Shane O'Neill (1530-1570), que se negaba a ostentar el título de vasallo inglés. Shane O'Neill prefirió seguir siendo jefe irlandés y seguir las antiguas leyes irlandesas. Shane eludió al lord teniente, pero finalmente fue asesinado por la casa rival de O'Donnells. Le sucedió su primo segundo, Turlough Luineach O'Neill (hacia 1530-95).

Mientras tanto, James Fitzmaurice Fitzgerald (fallecido en 1579) lideró una rebelión en Munster que duró cinco años. Fue reprimida en 1573 cuando James fue desterrado al continente. Ese mismo año, Walter Devereux, primer conde de Essex, inició una expedición al Ulster para someter a su señor irlandés. Pero las escaramuzas al estilo de las guerrillas de los lores locales lograron impedir que Lord Essex lograra mucho. Cambió sus tácticas de ataques a pequeña escala a incursiones y masacres a gran escala. La masacre más famosa ocurrió en 1575, cuando ordenó a sus fuerzas navales desembarcar en la isla de Rathlin. Cientos de mujeres y niños del clan MacDonell fueron asesinados. Finalmente, la expedición de Essex fracasó. Sir Henry Sidney de Sussex fue llamado a servir en Irlanda, y su segundo mandato como lord teniente duró desde 1575 hasta 1578. Fitzmaurice Fitzgerald regresó a Irlanda en 1579, al frente de un pequeño ejército, con la intención de lanzar una segunda rebelión contra la autoridad inglesa sobre la isla. Obtuvo el apoyo de los señores anglo-irlandeses y gaélicos de Munster y de los residentes gaélicos de Pale. Pero, en 1583, el gobierno consiguió sofocar esta rebelión y matar a todos los cabecillas, incluido el conde de Desmond. Sus tierras fueron confiscadas por la Corona. Este poderoso condado fue aplastado, y el gobierno se aseguró de no instigar más rebeliones. El territorio de Munster estaba ahora poblado por leales súbditos ingleses. Aproximadamente 4.000 residentes ingleses se instalaron en el territorio que antes poseía el conde de Desmond. El gobierno se aseguró de que los nuevos colonos fueran no solo ingleses, sino también protestantes. El control de Irlanda estaba en manos de la Corona inglesa y, durante las décadas de 1580 y 1590, su reivindicación fue incuestionable.

La guerra de los Nueve Años (1593-1603)

La reina Isabel consiguió afianzar su autoridad en Irlanda en la década de 1590, con una sola excepción. En el corazón de la provincia del Ulster, el gobierno y la cultura siguieron siendo totalmente gaélicos. Las dos familias más fuertes del Ulster gobernaban toda la región: los O'Neill en Tyrone (Tír Eóghain) y los O'Donnell en Tyrconnell (Tír Conaill) y sus alrededores cercanos. Estas dos familias eran aliadas contra los ingleses pero rivales entre sí. A los ojos de la Corona, ambos eran caciques obstinados y rebeldes que amenazaban la integridad inglesa. Los Ulster, por su parte, miraban con resentimiento a los ingleses que buscaban tierras y a las leyes inglesas que la Corona trataba de imponerles. Querían preservar su cultura nativa y el poder gaélico en la región.

Hugh O'Neill (Aodh Mór Ó Neill, 1540-1616), segundo conde de Tyrone, era nieto de Conn O'Neill, que se había rendido a la Corona en 1542. El padre de Hugh perdió el título cuando su hermano, Shane O'Neill, lo desafió. El joven Hugh pasó su infancia en Inglaterra, bajo la protección de la reina. Allí aprendió los métodos modernos de guerra y soñaba con vengar a su padre. Una vez que regresó a Irlanda, llevó una banda de aventureros ingleses, que le ayudaron a asegurar la parte sur de Tyrone bajo su control. Los ingleses apoyaron su elevación al título de segundo conde de Tyrone, ya que esperaban que fuera su cómplice en el Ulster. Pero Hugh era calculador e inteligente. Llegó a la conclusión de que, en última instancia, los ingleses eran una amenaza mayor para sus ambiciones que su propia familia, los O'Neill. En 1593, su primo, Turlough Luineach O'Neill, abdicó del señorío y Hugh tomó el relevo. Sin embargo, la Corona inglesa se negó a reconocerlo como primer conde de Tyrone. Para desafiar el dominio inglés en Irlanda, en 1595 asumió el título gaélico de cacique. Las acciones de Hugh provocaron la oposición inglesa. Los primeros en manifestar su descontento fueron los funcionarios menores del gobierno y, al final, el lord teniente se unió a ellos. Pero Hugh planteó una defensa contra las posibles represalias inglesas, y llegó a ser conocido entre su pueblo como el "Gran Conde". También se alió con Hugh O'Donnell el Rojo (Aodh Rua Ó Domhnaill, 1541-1602), príncipe de Tyrconnell. También buscó el apoyo de los demás ciudadanos gaélicos de Irlanda. Necesitaba este apoyo de toda la isla porque era consciente de que solo expulsando a los ingleses de Irlanda se aseguraría su título y su posición.

Al principio de la rebelión, el Ulster fue la fuerza ofensiva. Allí, Hugh organizó a los mosqueteros, la caballería y la infantería con picas, imitando las tácticas que sabía que utilizaba el ejército inglés.

Pero también empleó a Bonnaghts, mercenarios irlandeses nativos, y a gallowglasses de Escocia. Estos dos grupos de mercenarios lucharon a la manera tradicional irlandesa: acosando y emboscando al enemigo. En 1597, los ingleses se hartaron de este acoso y decidieron marchar directamente a las zonas irlandesas, abandonando la seguridad de sus guarniciones y fortalezas. Esta decisión tomada por los ineptos comandantes ingleses resultó fatal, ya que O'Neill los derrotó en Yellow Ford, justo al norte de Armagh. La batalla se libró el 14 de agosto de 1598, y sirvió como llamada de atención para los ingleses, que finalmente se dieron cuenta de que los irlandeses eran un oponente formidable. La reina Isabel se alarmó y envió a Sir Robert Devereux (1566-1601), segundo conde de Essex, para que asumiera el cargo de lord teniente y dirigiera sus fuerzas. Llegó a Irlanda con un ejército de 17.000 hombres, pero se encontró con la derrota en cada ocasión. En septiembre, la reina le ordenó regresar a Inglaterra. El siguiente lord teniente fue el barón Mountjoy, Charles Blount (hacia 1562-1606). Llegó a Irlanda en 1600 y dirigió personalmente una campaña en la que se establecieron muchas guarniciones nuevas. Pero también dirigió tácticas de tierra quemada, quemando cultivos, casas y ganado para que los irlandeses murieran de hambre. En Derry, utilizó fuerzas navales para desembarcar detrás de O'Neill y coordinó un doble ataque.

O'Neill sabía que necesitaba el apoyo de toda Irlanda, así que emprendió una campaña en la que se presentó como el campeón de la Contrarreforma. Este llamamiento no logró impresionar a los anglo-irlandeses, pero sí consiguió llamar la atención del rey español Felipe IV (r. 1598-1616). España ya era enemiga de Inglaterra en el siglo XVI y estaba deseosa de ayudar a la causa irlandesa. Felipe IV envió un ejército de 4.400 soldados españoles, que desembarcó en Kinsale en septiembre de 1601. Pero la intromisión extranjera en los asuntos internos no hizo más que añadir una nueva urgencia a la rebelión. Inglaterra temía que los españoles utilizaran Irlanda como puerta trasera para lanzar un ataque a gran escala contra el corazón del reino. Cuando los españoles llegaron, las fuerzas irlandesas se apresuraron hacia el sur para salir a su encuentro. Pero Mountjoy también dirigió a los ingleses hacia el sur, con la intención de ocupar al ejército español antes de que los irlandeses pudieran acudir en su ayuda. En la víspera de Navidad de 1601, las fuerzas de O'Neill y O'Donnell asediaron a las fuerzas de Mountjoy, que a su vez estaban asediando a los españoles. Pero los irlandeses no estaban bien organizados y su caballería los abandonó, permitiendo a Mountjoy arrollar a su enemigo. Los ingleses derrotaron por completo tanto a las fuerzas irlandesas como a las españolas, obligando a estas últimas a navegar de vuelta a casa. O'Donnell se unió a la flota y escapó a España, presa del pánico tras la espantosa derrota. Pero esperaba conseguir más ayuda de Felipe IV. Por desgracia, murió en España al año siguiente.

Derrotado, O'Neill condujo sus fuerzas de vuelta al Ulster. Allí se le unió el hermano menor de Hugh O'Donnell, Rory (Rudhraighe Ó Domhnaill, 1575-1608). Siguieron liderando la rebelión, pero sufrieron una derrota tras otra y no pudieron romper la racha de mala suerte. Debido a las implacables tácticas de tierra quemada de Mountjoy, los rebeldes no pudieron vivir en el campo. La población irlandesa se moría de hambre y los líderes rebeldes no podían hacer nada para aliviarla. En marzo de 1603, O'Neill inició las negociaciones con el representante de la Corona, admitiendo la derrota. La guerra de los Nueve Años, también conocida como la Rebelión de Tyrone, fue la mayor resistencia al dominio inglés en Irlanda durante el siglo XVI. Aunque finalmente fracasó, esta rebelión abrió los ojos a los ingleses, que se esforzaron aún más por asegurar su dominio sobre Irlanda.

La guerra transformó todo el panorama de Irlanda, en particular la provincia del Ulster. La autoridad inglesa estaba en todas partes, y ninguna parte de la isla quedaba fuera de su alcance. Sin embargo, los O'Neill y los O'Donnell siguieron siendo los favoritos de los irlandeses gaélicos, y consiguieron mantener su prestigio. El gobierno inglés prefirió no enfadar a los irlandeses y decidió no castigar a las dos familias responsables de la rebelión. El tratado se firmó el 30 de marzo de 1603 y en él se especificaba que los O'Neill podían conservar sus títulos y tierras. Los O'Donnell, por su parte, fueron elevados, y su líder, Rory O'Donnell, se convirtió en el primer conde de Tyrconnell. Pero estos títulos eran ingleses y no significaban casi nada en comparación con el prestigio que tenían como príncipes de Irlanda. Tanto los O'Neill como los O'Donnell pasaron los siguientes años resintiendo el hecho de haberse convertido en súbditos ingleses, meros terratenientes al servicio de la Corona.

Hugh O'Neill fue llamado a Londres por una pequeña disputa de tierras. Sin embargo, sabía que esto era solo una excusa para ejecutarlo porque su familia era una piedra en el zapato inglés, ya que su hijo había servido en el ejército español. La noche del 14 de septiembre de 1607, O'Neill y Rory O'Donnell se embarcaron hacia España, eligiendo el exilio voluntario al continente. Su huida se recuerda en la historia de Irlanda como "La huida de los condes". Fueron seguidos por toda su familia, que en total sumaba noventa y nueve nobles. España se negó a recibirlos, así que continuaron su viaje hasta Roma, donde el papa Pablo V los recibió como campeones de la Iglesia católica romana. O'Neill y O'Donnell tenían la intención de conseguir ayuda extranjera y regresar a Irlanda. Pasaron nueve años en el autoexilio, buscando aliados dispuestos, pero sin éxito. Hugh O'Neill murió en 1616 en Roma. La "huida de los condes" dejó al Ulster sin líder, y el vacío de poder creado fue una oportunidad para que los ingleses remodelaran la sociedad. El rey Jaime I (r. 1603¬¬-1625) estaba ansioso por plantar a los protestantes en el territorio del Ulster y quitarse la espina de los irlandeses gaélicos de una vez por todas.

Durante el reinado de Jacobo I, el primer rey Estuardo de Inglaterra, se trazaron planes para confiscar todas las tierras de seis condados del Ulster: Tyrone, Fermanagh, Donegal, Coleraine, Cavan y Armagh. Las tierras debían venderse a los protestantes escoceses e ingleses en condiciones favorables. Los que no pudieran permitirse comprar la tierra la alquilarían directamente a la Corona. Se hicieron planes similares para la fundación de nuevas ciudades puramente protestantes en la región. Así surgió la ciudad de Belfast. Fundada por la carta del 27 de abril de 1613, su nombre irlandés, *Beal Feirste*, significa "desembocadura del río Feirste", que simboliza la ubicación de la ciudad. Miles de personas llegaron a Irlanda a principios del siglo XVI. Algunos venían de Inglaterra, pero la mayoría procedía de Escocia. Todos eran protestantes y trajeron consigo sus instituciones y su cultura. En muy poco tiempo, el modo de vida en el Ulster cambió por completo.

Pero los católicos irlandeses no fueron completamente desplazados. A muchos de los recién llegados les resultó mucho más fácil emplear a los irlandeses nativos para trabajar como mano de obra agrícola, por lo que la población acabó siendo religiosamente mixta. Sin embargo, los católicos que tuvieron la suerte de seguir siendo arrendatarios se vieron obligados a ocupar las tierras menos productivas. Los católicos estaban resentidos, pero esperaron la oportunidad adecuada para vengarse. La nueva población del Ulster era "nueva inglesa", su religión los separaba de los "viejos ingleses" que seguían siendo católicos, pero leales a la Corona. Sin embargo, estos últimos seguían siendo vistos como una población que albergaba sentimientos de traición.

Éirí Amach - La rebelión de 1641

Thomas Wentworth (1593-1641) se convirtió en administrador de Irlanda en 1633. Era astuto, ambicioso y despiadado. Construyó una administración eficiente e independiente de Irlanda con el propósito de ganar riqueza para su rey, Carlos I (r. 1625-49), que había sucedido a Jacobo I. Sin embargo, Thomas también reunió una riqueza considerable para sí mismo a través de varias inversiones en tierras. En primer lugar, consiguió la elección de hombres leales a él en el Parlamento irlandés. También instigó muchas peleas entre católicos y protestantes, ganándose la desconfianza de ambas facciones. Su gobierno ignoró por completo los intereses locales y siguió confiscando tierras católicas en Connacht. Los católicos ingleses estaban especialmente enfadados porque el gobierno no hacía distinción entre ellos y los católicos irlandeses; ambos sufrían la confiscación de tierras por igual. Los protestantes no fueron tratados mucho mejor, ya que Wentworth decidió penalizar a los colonos de las plantaciones del Ulster por emplear a los irlandeses nativos en lugar de a los protestantes. Además, a los escoceses presbiterianos se les restringió la práctica de su religión. Ninguna de estas facciones estaba dispuesta a desafiar a Wentworth mientras estuviera en Irlanda, pero cuando fue devuelto a Inglaterra en 1639, se unieron para destruir el gobierno que había dejado. El Parlamento irlandés convenció al inglés para que se acusara de traición a Thomas Wentworth, y este fue ejecutado en 1641.

El rey Carlos I se enfrentaba a una guerra abierta con los presbiterianos en Escocia, y no podía permitirse enemistarse con los irlandeses. Concedió las "Gracias" a los católicos, una concesión que incluía la abolición de las multas por la práctica del catolicismo romano y el fin de las pruebas religiosas para el impuesto de sucesiones (los católicos pagaban un impuesto de sucesiones más alto que los protestantes). Pero tras el envío de Thomas Wentworth, las facciones religiosas de Irlanda se encontraban en un estado de confusión. Los católicos temían el militarismo protestante que estaba en auge en el Parlamento irlandés. Por otro lado, los protestantes "nuevos ingleses" se sentían inseguros en sus propiedades recién adquiridas. No sabían si debían apoyar al Parlamento o al rey, que pretendía gobernar sin que el Parlamento frenara su autoridad. Los irlandeses nativos volvieron a sentir la necesidad de exigir más derechos y expresaron abiertamente su sentimiento de rebeldía.

Los católicos ingleses fueron más allá y empezaron a exigir aún más derechos al rey. Querían poderes independientes más amplios para el Parlamento irlandés porque creían que solo el autogobierno les garantizaría los derechos de propiedad y la libertad de religión. Pero el rey no permitió que se redujera aún más su autoridad. Y aunque los antiguos ingleses querían una independencia similar a la que ya tenía el Parlamento inglés, no podían contar con ella por parte del rey. Veían al Parlamento inglés como un enemigo mayor porque, mientras Carlos I permitía la existencia de los católicos, el Parlamento era militantemente protestante y vería a todos los católicos expulsados del país. El rey necesitaba mantener buenas relaciones con los reyes católicos extranjeros, por lo que no se atrevería a enemistarse con ellos aboliendo por completo la Iglesia católica romana. Por eso, a principios del siglo XVII, la Iglesia católica en Irlanda prosperó, aunque estaba dominada por caciques seculares. Roma se ocupó de la Iglesia en Irlanda y se creó una estructura diocesana no oficial. Los prelados irlandeses exiliados en la Europa católica formaban a los sacerdotes, que volvían a Irlanda para prestar sus servicios. En el siglo XVII, se les unieron los antiguos ingleses, que temían la persecución de su religión. Encontraron puntos en común con los irlandeses nativos del Ulster no solo en la religión, sino también en las tierras confiscadas. En 1641, los irlandeses nativos del Ulster hicieron un complot para capturar el castillo de Dublín y a los principales funcionarios del gobierno que residían en él. A continuación, llevarían a cabo una serie de levantamientos para exigir los derechos de los católicos.

El complot se puso en marcha el 23 de octubre de 1641, pero los irlandeses no lograron asegurar el castillo de Dublín. Sin embargo, consiguieron hacerse con el control de la mayor parte del territorio del Ulster. Se declararon defensores del rey frente al Parlamento inglés, con la esperanza de evitar la etiqueta de rebeldes. Organizaron insurrecciones, destruyendo gran parte de las posesiones protestantes en el Ulster. Hasta 2.000 protestantes fueron asesinados, mientras que decenas de miles fueron desterrados a otras zonas protestantes de Irlanda. Los habitantes del Ulster se desplazaron entonces hacia el sur, reuniendo apoyos en su camino hacia Drogheda. Allí se unieron a los antiguos ingleses de la zona, transformando el levantamiento local de los Ulters en un movimiento nacional. Se autodenominaron "Ejército Católico" y, bajo este nombre, derrotaron al ejército gubernamental en la batalla de Julianstown el 29 de noviembre de 1641. En enero del año siguiente, llegaron a Limerick. Los nuevos ingleses y los colonos escoceses pidieron la reacción del gobierno contra la masacre general de los protestantes, pero el rey y el Parlamento inglés no pudieron intervenir, ya que estaban ocupados en sus disputas y en el inicio de la guerra civil inglesa de 1642. El Parlamento acusó al rey de colaborar con los católicos irlandeses y retuvo el dinero que debía financiar el ejército. Finalmente, en abril de 1642, el Parlamento inglés decidió enviar una expedición escocesa al mando del general Robert Munro (1601-1680).

Los antiguos ingleses e irlandeses gaélicos fundaron en 1642 un organismo oficial conocido como la Asamblea de Kilkenny. Esta asamblea reflejaba el Parlamento irlandés ya existente, con una cámara alta formada por obispos, abades y la alta burguesía católica; y una cámara baja formada por representantes de los condados y clanes. Esta asamblea fue una alianza de católicos ingleses e irlandeses que mostró los primeros signos de nacionalismo irlandés, aunque en forma de secta religiosa. Aunque tardaron seis semanas en tomar una decisión, la Asamblea de Kilkenny se puso del lado de los rebeldes. En general, los católicos poseían dos tercios de las tierras cultivables de Irlanda y no querían perder esas tierras y, con ellas, su influencia política. Con cautelosas maquinaciones, los católicos irlandeses, que ahora se autodenominaban Confederación de Kilkenny, consiguieron unirse a los esfuerzos de los monárquicos ingleses contra el Parlamento inglés. Sus principios no eran demandar una Irlanda independiente, sino una Irlanda católica que fuera leal al rey Estuardo y a sus sucesores.

El sobrino de Hugh O'Neill, el coronel Owen Roe O'Neill (1590-1649), llegó a Irlanda tras los años que pasó sirviendo al ejército español. Era un líder militar experimentado, y era consciente de que a los católicos de inspiración religiosa no les quedaba otra opción que expulsar completamente a los ingleses protestantes de la isla. Pero eso significaba expulsar a los que no solo eran leales al Parlamento, sino también a la Corona. La Confederación de Kilkenny no estaba dispuesta a separarse de los ingleses monárquicos y del rey que les había mostrado tolerancia. Durante los siete años siguientes, la confusión reinó en Irlanda. O'Neill consiguió derrotar al ejército escocés de Munro en 1646, pero los antiguos ingleses no le proporcionaron un apoyo constante. Por ello, Roe O'Neill no pudo conseguir una victoria decisiva. Los Señores de Leinster desconfiaban de O'Neill, ya que pensaban que el joven general solo quería asegurarse todo el poder político para sí mismo. Decidieron no pedirle ayuda y no consiguieron desalojar a las fuerzas gubernamentales de Dublín. Los católicos irlandeses perdieron años en negociaciones con el rey Carlos I, que solo pretendía dar largas a la concesión de más libertades religiosas. Sus pesadillas se hicieron realidad cuando el Parlamento salió victorioso al final de la guerra civil inglesa en 1649.

El Parlamento de Londres ejecutó al rey y abolió la monarquía, instalando la Commonwealth republicana, que inmediatamente dirigió su atención hacia Irlanda. Oliver Cromwell (1599-1658), líder del Parlamento inglés, era un acérrimo anticatólico. Llegó a Irlanda en agosto de 1649 como comandante en jefe y lord teniente. Cromwell puso en marcha un programa en tres partes con el objetivo de eliminar toda la resistencia a la autoridad del Parlamento, erradicar a todos los terratenientes y sacerdotes católicos que participaran en la rebelión y convertir a toda la población de Irlanda al protestantismo. Sus ejércitos protestantes llevaron a cabo represalias militares y ataques injustificados, que denominaron venganza por las acciones de la Confederación Católica. Con sus 20.000 hombres y la experiencia militar adquirida en la guerra civil inglesa, Oliver Cromwell aplastó toda la oposición en Irlanda. Su ejército llevó a cabo dos grandes masacres en Drogheda y en Wexford, en las que perdieron la vida más de 6.000 personas. La excusa era dar ejemplos que acortaran la campaña irlandesa. Cromwell pasó nueve meses asolando Irlanda antes de regresar a Inglaterra, creyendo que había conseguido asegurar la isla. Pero los esfuerzos tuvieron que continuar hasta 1653, cuando el Parlamento inglés logró conquistar totalmente Irlanda. En 1652 se impuso a los católicos irlandeses el Acuerdo Cromwelliano, por el que se abolía la práctica de la religión católica romana. Todos los sacerdotes fueron capturados y ejecutados, y se ofreció un pago como recompensa a los que siguieran practicando la fe en secreto. Todos los participantes en la rebelión de 1641 fueron capturados y ejecutados, y todas las tierras que poseían los católicos fueron confiscadas. También se prohibió a los católicos vivir en pueblos y ciudades, pero podían solicitar donaciones de tierras en Connacht. La aristocracia católica terrateniente dejó de existir en Irlanda, y la riqueza y el poder que poseían se transfirieron simplemente a los protestantes. A finales de siglo, la ley Brehon fue completamente erradicada, sustituida por la ley y el tribunal ingleses.

Aun así, el Acuerdo Cromwelliano no tuvo un éxito total en su intención. La promoción del protestantismo siguió adelante, se abrieron escuelas y se trajeron clérigos protestantes de Inglaterra. Pero los problemas surgieron casi inmediatamente, ya que los maestros y los predicadores no hablaban irlandés y no podían comunicarse con su público. Además, la iglesia cromwelliana favorecía el puritanismo y la secta presbiteriana, con la que los sacerdotes anglicanos de Irlanda no estaban de acuerdo. La fe católica romana siguió arraigada en Irlanda. Los protestantes ingleses que llegaron a establecerse en Irlanda eran soldados rasos que pronto se dieron cuenta de que no tenían perspectivas en una tierra nueva y extranjera. Decidieron que era más fácil vender las pequeñas parcelas que les habían dado y regresar a Inglaterra. Los que se quedaron eran oficiales que recibían grandes cantidades de tierra que les reportaban ingresos decentes. Cuando Oliver Cromwell murió en 1658, su cargo de lord protector fue asumido por su hijo, Richard, que era mucho menos ambicioso. Los apasionados funcionarios gubernamentales de Cromwell fueron sustituidos por hombres más complacientes.

El gobierno de Cromwell en Inglaterra se derrumbó en 1660 cuando Carlos Estuardo (r. como Carlos II 1660-85) regresó del exilio y asumió el trono. La restauración de la monarquía trajo nuevas esperanzas a Irlanda, donde incluso los protestantes acogieron con satisfacción la llegada de Carlos. Esperaban realmente que los años de agitación militar y política hubieran terminado. Sin embargo, Irlanda seguía llena de resentimiento, y aquellos cuyos bienes fueron confiscados seguían esperando la reconciliación. En realidad, esperaban su oportunidad de vengarse.

Reino restaurado

En 1662, Carlos II nombró a James Butler, conde de Ormond, como nuevo lord teniente de Irlanda. Ya había desempeñado este cargo en la década de 1640, bajo el reinado de Carlos I. Era un protestante de una antigua familia inglesa que intentó llegar a un acuerdo con los católicos durante su anterior servicio en Irlanda. Pero cuando Carlos fue derrocado, Buttler siguió a su rey al exilio. De nuevo en el cargo, trató de revertir el acuerdo de tierras cromwelliano. Primero, obligó a los protestantes a renunciar a un tercio de sus tierras. Luego estableció tribunales en los que los católicos debían demostrar que no habían participado en las insurrecciones de la década de 1640 para que se les devolviera parte de sus tierras. Pero la recuperación de las tierras de esta manera fue muy lenta y, al final, nadie quedó completamente satisfecho. Los cromwellianos estaban enfadados por tener que renunciar a parte de sus tierras, mientras que los católicos carecían de medios para demostrar su inocencia. En 1641, los católicos poseían tres quintas partes del total de las tierras agrícolas irlandesas. A finales de la década de 1660, solo poseían una quinta parte. Ormond y Carlos II jugaron con la idea de un plan de redistribución radical, pero al final desistieron por miedo a provocar a los protestantes y al Parlamento. Los católicos insatisfechos formaron bandas y se lanzaron a las colinas y los bosques, asaltando los asentamientos protestantes recién establecidos. Estas bandas persistirían a lo largo del siglo XVII como un importante elemento anárquico de la historia de Irlanda. Algunos de ellos se convertirían incluso en héroes nacionales.

Los católicos tuvieron más suerte en materia de religión. Ormond estaba dispuesto a permitirles practicar el catolicismo romano si firmaban una declaración reconociendo la autoridad real y denunciando la capacidad del papa para deponer al rey. Por supuesto, estos términos eran inaceptables para la Iglesia católica porque denunciar cualquiera de los derechos papales significaría denunciar al jefe de su religión. Pero, en su mayor parte, se dejó a los católicos practicar su fe aunque se negaran a firmar esta declaración. La persecución de los católicos por parte de los Cromwellianos había terminado finalmente. Una Declaración de Indulgencia de 1672 puso fin a las leyes que imponían penas a los católicos y a sus sacerdotes. Los exiliados católicos en el continente regresaron, y el clero comenzó a restaurar la infraestructura y la jerarquía de la iglesia.

Pero algunos de los miembros de la Cámara de los Comunes, de vuelta en Londres, estaban indignados por las acciones de los católicos. En 1673, declararon que la Declaración de Indulgencia no era válida. También introdujeron una Ley de Prueba, que exigía a todos los titulares de cargos públicos comulgar en una iglesia estatal establecida. En octubre del mismo año, se ordenó de nuevo a todos los sacerdotes y clérigos católicos que abandonaran Irlanda o se atuvieran a las consecuencias. Aunque las medidas no se aplicaron con tanta firmeza como en la época de Cromwell, el miedo se impuso a los católicos, y muchos se marcharon de buena gana. La situación se agravó a finales de la década de 1670, cuando corrió el rumor del supuesto complot católico para asesinar al rey Carlos II. En Irlanda, cientos de católicos fueron arrestados y encarcelados, pero cuando se descubrió que el rumor era falso, fueron liberados, e Irlanda vivió en relativa paz durante el resto del reinado de Carlos.

En 1685, la población irlandesa ascendía a dos millones de habitantes. Dos tercios eran católicos, en su mayoría irlandeses nativos que constituían principalmente una fuerza de trabajo agrícola. Entre ellos se encontraban también los terratenientes desalojados, que fueron compensados con una pequeña parcela en Connacht. Allí formaron un pequeño núcleo de la alta burguesía católica, abogados y comerciantes. Formaban una fuerza que organizaría y lideraría un resurgimiento católico si se presentaba la ocasión. Y la ocasión se presentó en 1685 con la llegada de Jacobo II (r. 1685-1688), el último monarca católico en el trono inglés. Bajo su reinado, Richard Talbot (1630-1691) ascendió al poder, primero como conde de Tyrconnell y comandante en jefe en Irlanda (1685) y luego como lord teniente (1687). Fue el primer lord teniente católico en más de cien años, y estaba ansioso por restaurar a los hombres católicos en los cargos gubernamentales de Irlanda. También empezó a reunir un ejército católico para que el rey defendiera al Parlamento de los protestantes enfadados, ya que quería derrocar el asentamiento cromwelliano.

Pero las esperanzas católicas de derrocar el acuerdo duraron poco. El evidente favoritismo del rey Jacobo hacia los católicos enfureció a los protestantes tanto en Irlanda como en Inglaterra. Decidieron ofrecer la corona inglesa al príncipe Guillermo de Orange (1650-1702), el gobernante duque que estaba casado con la hija de Jacobo, María. Ella era una Estuardo, y como tal, garantizaba la estabilidad de la dinastía. Pero también era protestante. Cuando Jacobo tuvo un hijo en 1677, la perspectiva de la dinastía católica se hizo muy real para los protestantes, y siete nobles ingleses enviaron una invitación oficial a Guillermo para que viniera a derrocar a su suegro y tomar la corona. Pero el gobernante holandés no les obligó hasta 1688, cuando desembarcó en Torbay, en Devonshire, con un gran ejército. Marchó para tomar Londres en la "Revolución Gloriosa" de 1688, obligando a Jacobo a partir hacia Francia. El matrimonio Duch ocupó entonces el trono inglés, y los católicos de Irlanda quedaron a merced de los protestantes.

Sin embargo, Tyrconnell permaneció en Irlanda y mantuvo contactos con el rey exiliado. Era la última esperanza de los católicos, y los protestantes le temían. En toda Irlanda, los protestantes se preparaban para la resistencia armada. El exiliado Jacobo llegó a Irlanda en 1689, trayendo dinero y tropas desde Francia. Luego viajó a Dublín, donde convocó al Parlamento católico. Juntos, trabajaron para revertir el acuerdo de tierras cromwelliano. Los católicos consideraron este parlamento como un triunfo de la libertad y la resistencia, pero los protestantes lo vieron como una asamblea creada para privarles de todas las posesiones en Irlanda. Pero Jacobo se negó a abolir oficialmente la Iglesia protestante de Irlanda y la Ley de Poynings, que exigía la aprobación real de todos los actos del Parlamento irlandés. A los ojos de sus súbditos católicos, había incumplido sus promesas.

Guillermo de Orange, que gobernaba Inglaterra como Guillermo III, envió sus tropas a Irlanda en 1690. Los dos ejércitos se encontraron cerca de Dublín, y el río Boyne fue utilizado como línea de defensa por las tropas católicas del rey Jacobo. El 1 de julio de 1690 tuvo lugar la batalla del Boyne. Los ejércitos de Jacobo no pudieron defender la ciudad y Dublín cayó en manos de Guillermo. A Jacobo no le quedó más remedio que huir una vez más a Francia. Pero sus fuerzas estaban decididas a defender las propiedades católicas al oeste de Dublín, y se retiraron al río Shannon. Se enfrentaron a una resistencia y tuvieron éxito en su intención de preservar las propiedades. Pero Tyrconnell siguió a su rey y se llevó consigo a todas las tropas francesas. Guillermo regresó a Inglaterra, pero sus tropas lograron cruzar el Shannon en 1691. El 12 de julio de 1691 se produjo la batalla decisiva en el campo de Aughrim, en el condado de Galway. Cuando parecía que las tropas de Guillermo habían sido derrotadas, se recuperaron e infligieron un duro golpe a los católicos. Limerick cayó en agosto, señalando el fin de la lucha católica. Tyrconnell regresó, pero sin la ayuda prometida de Francia, y murió justo antes de la caída de Limerick. Con su muerte, los irlandeses no vieron sentido a la lucha. El 3 de octubre de 1691 se firmó el Tratado de Limerick, por el que se concedía la libertad a todos los soldados irlandeses que habían participado en la lucha para ir a Francia. Los que se quedaron pudieron conservar sus propiedades; también se les concedió la libertad de ejercer sus profesiones y las libertades religiosas que poseían bajo el gobierno de Carlos II. Las tierras de los que se fueron a Francia fueron confiscadas. Más de 14.000 soldados decidieron ir al continente, donde Francia luchó contra las fuerzas anglo-holandesas. En cierto modo, continuaron su lucha y quedaron conocidos en la historia como "Gansos Salvajes", soldados irlandeses que se distinguieron en las guerras europeas del siglo XVIII.

Capítulo 6 - La ascendencia protestante

Estandarte real del reino de Irlanda
https://en.wikipedia.org/wiki/Protestant_Ascendancy#/media/File:R
oyal_Standard_of_Ireland_(1542%E2%80%931801).svg

Los protestantes ingleses triunfantes permanecieron en Irlanda para consolidar y asegurar su control sobre la isla. El sistema de gobierno que surgió como producto de su victoria se conoce como la "Ascendencia" o la "Ascendencia Protestante". El término en sí fue acuñado en 1792 por el orangista John Giffard, editor del *Dublin Journal* de Faulkner, pero se refiere a todo el siglo XVIII, XIX y principios del XX. Etiqueta un periodo en el que los protestantes de la Iglesia de Irlanda ejercían un control total sobre Irlanda y su sociedad. Solo estaban sometidos a la Corona de Gran Bretaña (su nuevo título en 1707 tras la unión de Inglaterra y Escocia) y al Parlamento inglés. Durante el periodo de la Ascendencia, los protestantes crearon en Irlanda un mundo elitista y exclusivo cuyo legado aún es visible en la ciudad de Dublín, que reconstruyeron por completo.

Durante el periodo de la Ascendencia, surgieron dos sociedades distintas: una sociedad minoritaria protestante y los católicos, que componían la mayor parte de la población irlandesa. Los protestantes eran la capa privilegiada de la sociedad, mientras que los católicos sufrían su opresión. La Ascendencia dependía en gran medida del ejercicio de las Leyes Penales, ya que estaba constantemente bajo la amenaza del catolicismo romano. Las Leyes Penales eran una legislación que impedía a los católicos ejercer cualquier influencia y poder político o social. El siglo XVIII fue uno de los períodos de paz más largos de la historia de Irlanda, y el país consiguió alcanzar cierto grado de prosperidad. Sin embargo, esta prosperidad fue muy limitada porque Gran Bretaña limitó el acceso de Irlanda al comercio transatlántico. Pero a finales del siglo XVIII, los lazos políticos entre Irlanda y la Corona comenzaron a debilitarse. Influenciados por los movimientos democráticos en América, algunos miembros de la élite protestante de Irlanda empezaron a impulsar cambios políticos. Estaban enfadados por las limitaciones económicas que les imponía Gran Bretaña y estaban orgullosos de la turbulenta historia de Irlanda. El Parlamento irlandés decidió que los intereses de su propio país estaban separados de los de Gran Bretaña. Por primera vez en la historia de Irlanda, los protestantes y los católicos se unieron con el mismo objetivo. El Partido Whig protestante se unió al Comité católico en un llamamiento a la reforma. En las calles, los voluntarios protestantes se unieron a los Defensores Católicos, dispuestos a tomar las armas contra la Corona. El Parlamento irlandés se aseguró su virtual independencia, y los católicos consiguieron finalmente la relajación de las medidas adoptadas contra ellos.

Pero el limitado éxito de estas exigencias iniciales de libertad animó al pueblo, y los irlandeses empezaron a exigir acciones aún más radicales. En 1798, la Sociedad de Irlandeses Unidos y los católicos se rebelaron contra el predominio protestante. Querían crear una república irlandesa independiente instigando una revolución inspirada en las de América y Francia. Sin embargo, fracasaron, y su derrota supuso la pérdida del separatismo institucional de Irlanda. El Parlamento irlandés dejó de existir y, a finales del siglo XIX, se decretó la unión con Gran Bretaña. Este no fue el fin de las esperanzas nacionales irlandesas, y el pueblo continuaría su lucha a lo largo de los siglos, pero sus voces fueron a menudo silenciadas mientras la Corona se ocupaba de preocupaciones de dimensiones mundiales.

La sociedad de Irlanda en el siglo XVIII

A pesar de que los católicos constituían la mayor parte de la población de Irlanda, con unos dos millones de habitantes a finales del siglo XVII, ocupaban en su mayoría regiones rurales y carecían por completo de liderazgo. La mayoría de las familias católicas destacadas que lucharon contra el Parlamento inglés murieron en la batalla o huyeron del país cuando se les presentó la oportunidad. La mayoría de la gente vivía como sus antepasados irlandeses, manteniendo la tierra que cultivaban en posesión comunal. Pagaban la renta en especie y no en dinero, y rara vez se involucraban en el comercio fuera de sus mercados inmediatos. Eran tan pobres como los campesinos de cualquier otra parte de Europa. Pero, a diferencia de sus homólogos europeos, el pueblo irlandés estaba gobernado por quienes eran completamente diferentes a ellos, étnica y religiosamente.

En el siglo XVIII, la élite de la sociedad irlandesa estaba compuesta en su mayor parte por los nuevos colonos ingleses, junto con algunos de los descendientes de los primeros colonos ingleses convertidos al protestantismo durante el reinado de Isabel I. Entre ellos había también terratenientes de ascendencia escocesa, aunque seguían concentrados en el Ulster. Las minorías entre ellos eran los antiguos lores anglo-irlandeses y gaélicos irlandeses que se convirtieron a las costumbres inglesas y empezaron a casarse con familias inglesas. Todos ellos eran protestantes y miembros de la Iglesia anglicana de Irlanda. Solo los escoceses del Ulster eran presbiterianos, pero se les consideraba una secta protestante no conformista. Como tal, la totalidad de la élite irlandesa defendía los sistemas comercial, jurídico y político ingleses. Las conquistas cromwellianas parecían continuar, y el Parlamento abolió los asentamientos *clachanes* de los nativos irlandeses. Estos asentamientos se vieron obligados a derribar sus muros y vallas, y como ya no eran propietarios de sus tierras, tuvieron que pagar un alquiler a los terratenientes.

Durante el siglo XVIII, los terratenientes irlandeses eran unas 10.000 familias, y solo un centenar de ellos eran magnates, propietarios de la mayor parte de las tierras fértiles de Irlanda. Algunas parcelas estaban reservadas para la Iglesia y, por tanto, fuera de su alcance, pero de todos modos se trataba de pequeños territorios. Estos magnates eran los que dictaban el sistema político del país. Pero para participar activamente en la política, había que poseer una residencia en la ciudad. Así pues, los magnates se trasladaron de sus vastas propiedades en el campo a la ciudad de Dublín, y su desarrollo se disparó. A lo largo del siglo, la ciudad se expandió. A finales del siglo XIX, contaba con 180.000 habitantes. Las élites residentes eran las que dirigían la política, pero también promovían el crecimiento comercial.

La división religiosa, étnica y cultural entre la minoría protestante y la mayoría católica irlandesa era una realidad en la vida cotidiana. Los estereotipos crecieron a ambos lados de la división. Los irlandeses consideraban a sus señores ingleses arrogantes, codiciosos, astutos e intolerantes. Los ingleses, por su parte, consideraban a los irlandeses perezosos, ignorantes y supersticiosos. Muchos irlandeses étnicos optaron por permanecer en los territorios predominantemente ocupados por los protestantes. Aunque se integraron en la sociedad protestante, aprendieron el idioma y practicaron las costumbres inglesas, conservaron el conocimiento de la lengua irlandesa y a menudo actuaron como mecenas de poetas, artistas y sacerdotes irlandeses. Estos artistas y sacerdotes eran antiguos miembros de la antigua sociedad irlandesa que habían perdido su estatus. Resentidos por el dominio inglés, fabricaron historias de una antigua edad de oro irlandesa y de una gran ascendencia y alimentaron a los católicos irlandeses con estos mitos. A través de estas historias, el pueblo llano se convenció de que había sido privado injustamente de sus bienes, y se empeñó en recuperarlos todos. Pero durante el siglo XVIII, los católicos no tenían medios para recuperar sus propiedades perdidas y la dignidad de su antigua gran nación. Solo podían esperar y soñar.

Las Leyes Penales

Aunque los protestantes habían derrotado a los irlandeses bajo el liderazgo del rey Guillermo III, el miedo a los católicos persistía. Para los protestantes, la rapidez con la que los católicos recuperaron el poder en 1685 y 1689 era una prueba de que la autoridad protestante no era segura. La guerra de los Nueve Años con Francia seguía en marcha y muchos soldados irlandeses luchaban en el bando francés. Eran una amenaza para los protestantes irlandeses, que temían que sus enemigos volvieran del continente como una fuerza de invasión. Para mantener su supremacía, los protestantes tomaron medidas para contener a los católicos. El Parlamento irlandés estaba compuesto en su totalidad por miembros protestantes, que se dedicaron a legislar una compleja serie de Leyes Penales para excluir formalmente a los católicos de la participación en cualquier asunto público. El Parlamento llamaba a los señores católicos "los caballeros papistas" y, a finales del siglo XVII, les prohibió llevar armas para defenderse o para cazar. Cualquiera que pretendiera ocupar un cargo en el ejército, la marina o la administración debía prestar un juramento que negara la doctrina de la transubstanciación (conversión del pan y el vino en el cuerpo y la sangre de Cristo). Los católicos se negaban a prestar tales juramentos, por lo que se les negaba el acceso a estas carreras. Pero esto no era suficiente. Los protestantes también querían impedir que los católicos adquirieran tierras. Entre 1703 y 1704, y de nuevo en 1709, presentaron proyectos de ley sobre la propiedad que establecían que los católicos no podían arrendar tierras por más de treinta y un años, y ya no podían comprarlas. En 1729, los católicos perdieron el derecho a votar por los miembros del Parlamento.

Los católicos constituían alrededor del 75% de toda la población irlandesa en la década de 1770, pero solo poseían el 5% del territorio de la isla. Al negárseles el derecho a poseer tierras, perdieron rápidamente su riqueza. Por si eso no fuera suficiente para hacerles sufrir, el Parlamento irlandés les ordenó pagar diezmos a la Iglesia anglicana de Irlanda. En los años siguientes, se aprobaron leyes que proscribían el culto católico, la enseñanza, las organizaciones religiosas y prácticas como la peregrinación y la procesión. Los misioneros protestantes recorrieron todo el país promoviendo la conversión y abriendo escuelas concertadas que, en 1746, recibieron subvenciones del gobierno. Pero estos misioneros consiguieron poco porque los católicos seguían desconfiando. Además, la élite protestante necesitaba seguir siendo un cuerpo gobernante pequeño y separado para mantener su estatus privilegiado, por lo que la conversión de las masas se hizo a medias. Incluso fueron estrictos con las sectas no conformistas, como los presbiterianos. Aunque los protestantes no anglicanos gozaban de derechos de propiedad y se les concedió la tolerancia religiosa legal en 1719, también estaban excluidos de los cargos reales y tenían que pagar los diezmos a la iglesia establecida. Para mantener sus posiciones sociales, algunos de los restantes terratenientes, barristers y abogados católicos se convirtieron, pero la mayoría del pueblo siguió siendo católico.

El Parlamento irlandés no era en absoluto un órgano democrático; los aristócratas terratenientes y la Iglesia de Irlanda tenían todo el poder en sus manos. Para ser elegido miembro del Parlamento, además de ser protestante, había que reunir ciertos requisitos de ingresos y propiedades. Solo los más ricos de la élite eran elegibles para el Parlamento. Como solo existía un puñado de votantes, la votación se convertía en una mera formalidad. El Parlamento inglés obtuvo ciertos poderes durante la Revolución Gloriosa, pero ninguno de ellos se aplicó a Irlanda. En Inglaterra, los miembros del Parlamento cambiaban cada pocos años, mientras que en Irlanda se podía ocupar un puesto de por vida. En Irlanda, solo había que elegir un nuevo Parlamento cuando el monarca moría. El Parlamento irlandés se reunía cada dos años para apropiarse de ingresos adicionales porque los ingresos hereditarios que recibía el gobierno nunca cubrían los gastos públicos. Una parte de los ingresos del gobierno se destinaba al mantenimiento de un gran ejército. De hecho, en el siglo XVIII, Irlanda contaba con un ejército dos veces mayor que el de Gran Bretaña. Estaba estacionado en el campo, donde crecía la necesidad de sofocar algún levantamiento ocasional.

La autoridad final residía en el gobierno de Inglaterra. No se podía promulgar ninguna ley sin la aprobación real. Además de nombrar al lord teniente de Irlanda, el gobierno británico creó el cargo de secretario jefe, que actuaba como portavoz de la administración británica ante la Cámara de los Comunes irlandesa. Sus opiniones eran muy importantes, y durante el siglo XVIII, la importancia de este cargo creció notablemente. Tanto el lord teniente como el secretario jefe trabajaban en interés del gobierno inglés, no de Irlanda. Pero solo tenían que estar presentes en Irlanda cuando el Parlamento se reunía, una vez cada dos años. Esto significaba que la mayoría de las veces estaban ausentes, y figuras políticas conocidas como los "Undertakers" se encargaban de promover la agenda del gobierno. Utilizaban el patrocinio para promover el voto a favor de los intereses del gobierno inglés. Debido a que el Parlamento irlandés dependía completamente de la voluntad del monarca y del Parlamento inglés, a menudo se vio amenazado por la flexibilización de las restricciones a los católicos.

Pero algunas de las leyes penales cayeron rápidamente en desuso incluso sin la intervención del Parlamento inglés. Por ejemplo, la ley que prohibía a los católicos llevar armas o poseer un caballo que no valiera más de cinco libras cayó rápidamente en desuso. Como la mayor parte de la población irlandesa era católica, quedó claro que sería imposible regular su vida privada. Los sacerdotes católicos a los que se les permitió quedarse fueron el núcleo de la dirección de la iglesia que poco a poco fue recuperando su fuerza. A principios de siglo, las misas se celebraban al aire libre y a escondidas. Pero durante la década de 1750, los sacerdotes recuperaron su derecho a celebrar misas en el interior para sus seguidores e incluso iniciaron sus programas de formación en Irlanda. Pero la Iglesia católica no podía soportar la etiqueta de iglesia reservada a los edificios de la fe establecida. En su lugar, los sacerdotes católicos celebraban misas en graneros, almacenes e incluso en campos abiertos. Estos lugares se llamaban capillas, y se podían encontrar por toda Irlanda, escondidas en las tranquilas callejuelas de las ciudades o pueblos y dispersas por todo el paisaje rural.

Como el papado siguió apoyando a la dinastía Estuardo hasta 1766, todos los católicos de Irlanda eran considerados desleales a la Corona. Pero a mediados de siglo empezó a surgir un partido católico que afirmaba que no todos los católicos eran intrínsecamente desleales. Estos católicos incluso dirigieron peticiones de lealtad al rey durante la guerra de los Siete Años con Francia, y el gobierno consideró la posibilidad de formar un regimiento católico que fuera enviado a luchar a Portugal, España, Francia y Austria. Pero aún no era el momento. Cuando el Parlamento se preparaba para presentar proyectos de ley que permitieran a los católicos obtener hipotecas para sus propiedades en Munster y Ulster, estalló una rebelión. Presionados por los diezmos, el desempleo y las elevadas rentas que no podían abordar en la corte, la sociedad tomó las armas. Los rebeldes no eran solo católicos, sino sociedades secretas de protestantes (concretamente los Corazones de Roble y los Corazones de Acero) que tampoco podían pagar la renta. A ellos se unieron las sociedades agrarias católicas, como los Rightboys y los Whiteboys o Levellers (Buachaillí Bána). Pero estas revueltas de la década de 1760 duraron poco y solo sirvieron para que el gobierno prohibiera estos disturbios. No obstante, el gobierno no consiguió hacer frente al resentimiento que sentía el pueblo y, en la década siguiente, la agitación política aumentó el descontento.

Años de descontento en Irlanda

De 1740 a 1815, Gran Bretaña estuvo constantemente en guerra. Tenía una creciente necesidad de productos agrícolas y textiles para abastecer a su ejército. Además del ejército, Gran Bretaña necesitaba alimentar y vestir a su creciente población y, para ello, necesitaba la producción irlandesa. A mediados del siglo XVIII, la economía irlandesa creció rápidamente, y con ella aumentaron los ingresos, el consumo y la producción. El número de terratenientes aumentó, ya que los británicos compraban propiedades en Irlanda con tipos de interés bajos, pero eran principalmente señores ausentes que vivían en Gran Bretaña. Todos los ingresos que obtenían de Irlanda eran enviados a su país de origen, dejando a la población trabajadora en estado de inanición. El crecimiento económico fue percibido por la aristocracia, pero no por la población. La vida era insegura para los plebeyos, pero la población crecía constantemente. El repentino auge de la población tuvo consecuencias, como el aumento de los alquileres, la reducción de los mismos y la prohibición de subarrendar. Los católicos enseñaban que los protestantes les explotaban, pero también los protestantes estaban insatisfechos con la restricción gubernamental del comercio y sus limitados derechos a participar en el gobierno. En ese momento, el pueblo de las colonias americanas se agitó, exigiendo la independencia, y en 1775, finalmente se levantó en armas. Los irlandeses simpatizaban con los rebeldes americanos y pensaban que muchos aspectos de la situación en las colonias eran similares a sus sufrimientos. En Irlanda, el sentimiento antigubernamental se disparó y la gente empezó a reclamar acciones radicales.

En 1760, en Dublín, el Partido Patriota Irlandés de parlamentarios comenzó a oponerse al gobierno. Formaron una alianza con los parlamentarios de Inglaterra, los Whigs, que se oponían a los Tories en el poder. En la capital británica, la oposición estaba liderada por Edmund Burke, que había nacido en Dublín, pero que en la década de 1750 se había trasladado a Londres, donde se convirtió en miembro del Parlamento británico. Entró en la Cámara de los Comunes en 1765 como miembro del Partido Whig, y centró su carrera en la reivindicación de los derechos parlamentarios y la defensa de los derechos de los colonos americanos. Cuando comenzó la guerra en Estados Unidos, se subieron los impuestos en Irlanda para financiar al ejército británico. Agravados por los altos impuestos, los diputados patriotas de Dublín pidieron una declaración de derechos. Sin embargo, su definición de patriotismo era muy estrecha, favoreciendo a la élite protestante en lugar de los intereses nacionales. La declaración de derechos daría al Parlamento de Dublín una garantía legal de independencia legislativa y judicial.

Significaría que el Parlamento irlandés no tendría que esperar a la aprobación real y a que se aprobara la legislación en el Parlamento inglés para poder adoptarla. El líder del Partido Patriota era Henry Flood, diputado de Kilkenny, pero aceptó un cargo en el gobierno en 1775, pasando el liderazgo a Henry Grattan. Con sus extraordinarias dotes oratorias, Grattan se convirtió inmediatamente en el portavoz de la Cámara de los Comunes irlandesa.

Grattan era un apasionado de la nación irlandesa, pero entendía que los lazos que su país tenía con Inglaterra eran tan profundos que no podían romperse. En mayo de 1782 pronunció su famoso discurso en el que declaró que Irlanda estaba unida a Inglaterra no solo por la lealtad al rey, sino también por la libertad. Irlanda estaba vinculada a las libertades constitucionales de Gran Bretaña, y no se podía negar que la independencia completa era imposible. La guerra de Estados Unidos había perturbado el comercio y había supuesto un peso adicional para la economía de Irlanda, que ya estaba debilitada por los fuertes impuestos. A partir de 1775 se suceden los llamamientos para que se levanten las restricciones comerciales. Cuando Francia y España entraron en la guerra en 1778/9, Irlanda quedó indefensa, ya que Gran Bretaña retiró a todos los soldados disponibles para luchar en el extranjero. Los protestantes irlandeses organizaron un ejército de voluntarios. No tenían uniformes y estaban patrocinados por magnates locales que necesitaban que sus propiedades estuvieran protegidas. Esto significaba que el público tenía el control del único ejército de Irlanda, mientras que el gobierno no tenía ninguno. Los miembros de la oposición se aprovecharon rápidamente de este hecho y comenzaron a requisar el ejército de voluntarios. Una vez más, el 4 de noviembre de 1779, los irlandeses exigieron la eliminación de las restricciones comerciales, pero la campaña no alcanzó su punto álgido hasta febrero de 1782, cuando los voluntarios del Ulster se reunieron para adoptar una resolución de independencia legislativa y judicial y la relajación de las Leyes Penales. El gobierno británico, que seguía luchando en la guerra de Estados Unidos y ahora sufría las amenazas del pueblo irlandés, se sintió muy presionado.

Los funcionarios de Londres no sabían cómo responder, y el gobierno dirigido por Lord North cayó del poder en 1782. Los whigs sustituyeron a los ministros tories, y estaban ansiosos por apaciguar a la población irlandesa. En enero de 1782, los tories derogaron la Ley Declaratoria y modificaron la Ley de Poyning para permitir que los proyectos de ley aprobados por el Parlamento irlandés llegaran a Londres sin modificaciones. El 17 de abril de 1783, el Parlamento británico aprobó la Ley de Renuncia Británica, por la que renunciaba a su derecho a legislar sobre Irlanda. También se eliminaron todas las restricciones al comercio irlandés que aún existían. Irlanda se convirtió así en un reino independiente en todos los sentidos, pero compartía el monarca británico. En 1783 se fundó el banco nacional y una oficina de correos independiente, y en 1786 Dublín fundó su cuerpo de policía. El sentimiento de unidad nacional se extendió y, en aras de la reconciliación, los protestantes levantaron muchas restricciones a la propiedad impuestas anteriormente a los católicos. Pero la realidad política pronto golpeó a Irlanda. El Parlamento irlandés se independizó y se separó legalmente de los británicos, pero Irlanda siguió en gran medida bajo control británico. El rey seguía nombrando al lord teniente de Irlanda para que actuara como representante del gobierno británico. A través del lord teniente, el gobierno británico controlaba y seleccionaba a los funcionarios irlandeses, aunque no de forma directa, solo controlaba sus salarios y pensiones, así como el poder de nombrar a las personas para los cargos. Con este poder, el gobierno seguía influyendo en los diputados irlandeses. Entre ellos, los reformistas impulsaron mayores cambios, pero la mayor parte de la nobleza terrateniente estaba satisfecha con el resultado del Acta de Renuncia británica.

El sentimiento revolucionario en Irlanda

En mayo de 1789, Francia derrocó su monarquía. La dinastía de los Borbones cayó en revolución y se instauró una república. La política del pasado fue dejada de lado y la sociedad comenzó a reconstruirse. Las repercusiones de estos acontecimientos llegaron rápidamente a Irlanda, ya que ambos países compartían el comercio, la cultura y la religión. En Irlanda, la gente empezó a reclamar la reducción de los privilegios de la aristocracia y el fin de la discriminación. La democracia empezó a configurarse lentamente, y el cómodo mundo de los aristócratas de la Ascendencia estaba llegando a su fin. El Parlamento irlandés y los whigs seguían liderados por Grattan, y ahora exigían la purificación del Parlamento limitando el número de cargos que formaban parte del órgano legislativo. Se formaron clubes whigs en dos ciudades irlandesas: en Dublín en 1789 y en Belfast en 1790. Promovieron reformas parlamentarias y organizaron la oposición a las uniones legislativas de Irlanda.

El segmento de la población irlandesa que se conmovió con la revolución estadounidense encontró ahora una nueva razón para pedir cambios democráticos en el país: estaban frustrados por la incapacidad y la falta de voluntad de los diputados patriotas para promover la reforma. Jóvenes abogados protestantes de Dublín lanzaron un movimiento basado en el modelo de la Revolución Francesa, que despertó el interés de la burguesía presbiteriana del Ulster. Pensaban que los terratenientes anglicanos en el poder limitaban sus intereses económicos e impulsaron reformas. Entre los que iniciaron el movimiento estaba Theobald Wolfe Tone. En 1791, fue llamado a Belfast para dirigirse a los activistas presbiterianos. Atrajo su atención publicando "Un argumento a favor de los católicos de Irlanda" en 1791. En esta obra, Tone pedía la unificación de católicos y protestantes porque solo unidos serían las dos facciones lo suficientemente fuertes como para impulsar cambios. No creía en la igualdad religiosa y consideraba que el catolicismo romano era una fe moribunda que pronto se convertiría en un recuerdo lejano. Pero por el momento, necesitaba que las dos facciones trabajaran juntas para reformar el Parlamento y asegurar la completa independencia de Irlanda. Durante más de dos semanas se celebraron negociaciones y debates. El resultado fue la creación de la Sociedad de Irlandeses Unidos de Belfast el 14 de octubre de 1791. Inspirado por los esfuerzos de Tone, su amigo, James Napper Tandy, fundó una rama de esta sociedad en Dublín.

Los Irlandeses Unidos representaban a los protestantes radicales de clase media, la mayoría de sus miembros presbiterianos. Su principal objetivo era utilizar la presión de la opinión pública para obligar al gobierno a aceptar cambios. Pero no estaban solos. Pronto se les unieron los clubes políticos y los cuerpos de voluntarios, que aprobaron una resolución de solidaridad con los Irlandeses Unidos. Inspirados por los esfuerzos de sus compatriotas, los católicos también empezaron a exigir cambios. El Comité Católico, que existía desde 1760, seguía siendo mayoritariamente elitista en su composición y conservador en su programa. Pero el aumento del sentimiento revolucionario de principios de la década de 1790 le hizo aceptar ideas más radicales. En 1791, el comité presentó al rey Jorge III una petición que solicitaba ayuda para sus súbditos católicos en Irlanda. Pero, para asegurarse de que los protestantes estaban de acuerdo, los católicos contrataron al protestante Theobald Wolfe Tone como secretario principal. Esperaban que este gesto demostrara su compromiso con la tolerancia religiosa.

En diciembre de 1793, los católicos de toda Irlanda se reunieron en el Tailors Hall de Dublín, donde acordaron que su principal objetivo era la abolición de las restantes Leyes Penales. Pasaron por alto al lord teniente enviando una delegación a Londres, donde fueron recibidos con simpatía. El gobierno británico siempre temió que al emancipar a los católicos irlandeses, el Parlamento irlandés cambiara de tal manera que fuera inminente una ruptura de Irlanda con Gran Bretaña. Sin embargo, en ese momento, Gran Bretaña se enfrentaba de nuevo a una guerra con Francia, y tenía que considerar la situación teniendo en cuenta los intereses internacionales. El gobierno quería apaciguar a la opinión pública irlandesa, y en 1793 se aprobó la Ley de Alivio en la legislatura de Dublín, que eliminaba las leyes restantes contra los católicos. Sin embargo, los católicos seguían teniendo prohibido el acceso a la administración pública, no podían ser elegidos como parlamentarios y no podían ser nombrados en cargos judiciales. Empero, podían casarse con protestantes, comprar y vender tierras sin restricciones y ejercer la abogacía. Ese mismo año se inauguró la primera institución católica de enseñanza superior, el St. Patrick's College.

El hecho de que a los católicos se les permitiera comprar y vender tierras hizo que aumentaran las tensiones entre ellos y los protestantes, principalmente en el sur del Ulster, donde residían en igual número. Allí se formaron los "Defensores", una sociedad secreta católica muy influenciada por los revolucionarios franceses. Su objetivo era "sofocar a todas las naciones, destronar a todos los reyes y plantar la verdadera religión que se perdió en la Reforma" (Newman 1991, 47). A mediados de la década de 1790, su ideología empezó a extenderse a los artesanos de las ciudades, que sufrían el aumento de los impuestos. Los Defensores inspiraron a los protestantes a crear su propia sociedad secreta opositora conocida como los "Peep o'Day Boys". Cuando los Defensores quisieron realizar manifestaciones armadas, los Peep o'Day Boys se enfrentaron a ellos en lo que se conoció como la batalla del Diamante. Los combates comenzaron cerca de Loughgall, en el condado de Armagh, el 21 de septiembre de 1795. La batalla en sí fue muy corta, y los Defensores solo sufrieron treinta muertes, pero esta información se basa en rumores. Según los testigos, los Peep o'Day Boys no tuvieron ninguna baja. El efecto de esta batalla fue la fundación de la Loyal Orange Institution, o la Orden Naranja, una organización protestante que juró proteger al rey y a su familia mientras apoyara la Ascendencia Protestante. Los miembros de esta organización no tardaron en aparecer por todo el Ulster.

Mientras tanto, el Parlamento, bajo el liderazgo de Garret, trató de conseguir aún más libertades para los católicos. En 1795, el Parlamento irlandés propuso la completa emancipación de los católicos. Pero esto fue demasiado pronto, ya que solo sirvió para convencer al gobierno británico de las intenciones separatistas de Irlanda. Gran Bretaña se propuso aplastar este sentimiento independentista. Sin embargo, casi no tenía medios para hacerlo. Las tropas regulares estaban luchando contra los franceses, por lo que el gobierno se vio obligado a crear una milicia. Aunque esta milicia existía desde 1793, el gobierno tuvo que hacer un reclutamiento excesivo. Pero no se podía garantizar la lealtad política del creciente número de milicianos. Las filas se llenaron de campesinos católicos pobres que, en realidad, estaban controlados por los Defensores. En 1796, el teniente John Jeffreys Pratt (1759-1840) consideró necesario fundar una división separada de la milicia formada únicamente por protestantes como contrapeso a los miembros católicos. Se les conoció como el Cuerpo de Yeomanry, y contaban con miles de protestantes.

El gobierno necesitaba reprimir el espíritu revolucionario irlandés porque no quería una monarquía débil mientras estuviera en guerra con Francia. Las autoridades suprimieron la Sociedad de Irlandeses Unidos de Dublín y, en 1796, el Parlamento británico aprobó una ley por la que los funcionarios tenían amplios poderes para buscar armas e imponer un toque de queda en las zonas conflictivas. La Sociedad de Irlandeses Unidos de Dublín tuvo que pasar a la clandestinidad, pero esto solo la convirtió en una organización más despiadada y mucho más dura. Tone seguía activo, y ahora pedía una ruptura total con Gran Bretaña. Los movimientos de los Defensores Católicos y de los Irlandeses Unidos se acercaron, ya que ambos abogaban por la completa emancipación de los católicos y la reforma constitucional. En algunos ámbitos, incluso se fusionaron por completo. El término "reforma constitucional" significaba ahora el establecimiento de una república modelada según el modelo de Estados Unidos y Francia. El gobierno sería completamente independiente de Gran Bretaña.

Pero el gobierno tenía sus partidarios en la Orden de Orange, otras sociedades protestantes y en la milicia Yeomanry. Todos ellos estaban decididos a mantener la ley y el orden en Irlanda y a mantener la isla unida a Gran Bretaña. El gobierno británico era consciente de la posibilidad de una invasión francesa, más aún cuando Wolfe Tone fue a pedir ayuda. Tone habló con el gobierno francés, prometiendo que Irlanda acogería con agrado su intervención, pero los franceses no necesitaron mucha persuasión. El gobierno francés quería apoderarse de los puertos irlandeses e inutilizar gran parte del comercio británico, el que permitía a Gran Bretaña convertirse en un activo opositor a las ambiciones francesas como república y superpotencia europea. En diciembre de 1796, la flota francesa zarpó hacia Irlanda bajo el mando del general Louis-Lazare Hoche (1768-97). Pero como habían iniciado su viaje en pleno invierno, se encontraron con fuertes tormentas en el mar y se vieron obligados a dar la vuelta. Sin embargo, el descontento se apoderó de Irlanda y los políticos de la Ascendencia temían que la revolución comenzara en cualquier momento.

En 1797, el gobierno decidió purgar a los Irlandeses Unidos de las filas de la milicia. Temiendo que el gobierno ganara la iniciativa con esta acción, los irlandeses decidieron atacar. Junto con sus aliados, los Defensores, planearon un levantamiento para el verano de 1798, pero antes de que pudiera producirse, el gobierno arrestó a los líderes de la rama provincial de Leinster del movimiento. El 30 de marzo, Lord Camden emitió una proclamación en la que afirmaba que el país estaba en estado de rebelión e impuso de hecho la ley marcial. El movimiento continuó con sus ataques planificados, y las primeras insurrecciones estallaron en mayo y junio de 1798, pero estaban mal coordinadas. Nunca consiguieron crecer y convertirse en algo más que escaramuzas localizadas y aisladas. El 13 de junio, las insurrecciones armadas en el Ulster terminaron cuando los activistas sufrieron una derrota en Ballynahinch. Los miembros de los Irlandeses Unidos fueron masacrados cuando intentaban huir. Dos días después, su líder, Henry Munro, fue ejecutado.

Los rebeldes tuvieron su mayor éxito en Wexford, donde consiguieron marchar triunfalmente hacia la ciudad el 31 de mayo. Siguieron muchas más batallas, y los rebeldes sufrieron grandes derrotas y masacres. Las más notables fueron el 5 de junio en New Ross y el 21 de junio en Vinegar Hill. Más de 30.000 insurgentes perdieron la vida, y la rebelión terminó a principios del verano. Los rebeldes irlandeses restantes buscaron la ayuda de Francia, pero quedaron muy decepcionados. El nuevo comandante de Francia, Napoleón Bonaparte (1769-1821), estaba a punto de iniciar su conquista de Egipto y solo pudo desviar una escuadra menor para ayudar a Irlanda. Llegaron en agosto y fue demasiado tarde para ayudar a la rebelión. A su llegada, los oficiales franceses, curtidos en la Revolución Francesa, se sorprendieron de lo mal equipados que estaban los irlandeses. No obstante, ofrecieron su ayuda y, el 27 de agosto, derrotaron a la Yeomanry en Castlebar. También crearon la República de Connacht, pero fueron rodeados por las fuerzas británicas y tuvieron que rendirse en septiembre. Los franceses recibieron un salvoconducto para regresar a su condado, pero los rebeldes irlandeses fueron ejecutados. Wolfe Tone regresó a Francia, donde ejerció de ayudante general. Pero el 12 de octubre, su barco, el *Hoche*, fue capturado por una escuadra británica. Fue un enfrentamiento menor, pero los británicos se sintieron muy satisfechos de capturar a Tone. Fue juzgado por un consejo de guerra y condenado a la horca. Pero, el 19 de noviembre, Wolfe Tone murió de una herida en el cuello, presumiblemente auto infligida.

La Rebelión de 1798 terminó, y las aspiraciones irlandesas de autogobierno habían fracasado de nuevo. Sin embargo, los católicos seguían siendo mayoría, y entre el pueblo llano aumentaban las simpatías nacionalistas. El recuerdo de la rebelión del "Noventa y ocho" arde en las mentes de las generaciones posteriores. Se tejió toda una nueva mitología en torno a los acontecimientos de aquella primavera y verano, y nuevas baladas como "The Memory of the Dead", "The Wearin o' the Green", "The Boys of Wexford" y muchas otras siguieron contando las historias. Las generaciones posteriores se inspirarían en estas canciones y lucharían con una determinación igual a la de sus antepasados. Pero el escenario político de Gran Bretaña sería completamente diferente.

El hecho de que Irlanda pudiera levantar una rebelión significaba que la isla estaba fuera del control británico y que era necesario volver a ponerla bajo el firme control de la monarquía. Para ello, el primer ministro británico William Pitt el Joven (1759-1806) propuso la fusión de los dos parlamentos, el irlandés y el británico. Argumentó que si las dos legislaturas se unían, el miedo protestante a la emancipación católica llegaría a su fin porque, dentro de Gran Bretaña, los católicos se convertirían en una minoría. El esquema de Pitt era racional, y siguió convenciendo a sus colegas añadiendo que un solo parlamento sería más eficiente y promovería la inversión británica en la economía irlandesa. El gobierno unido pondría fin a los sentimientos locales, ya que prevalecerían los intereses de toda la monarquía. Pero muchos diputados irlandeses, aunque estaban en contra de la rebelión, se comprometieron a mantener una identidad separada. Todavía liderados por Grattan, montaron una defensa de la individualidad nacional irlandesa. Afirmaban que necesitaban su propio parlamento para dar a la nación su propia voz política. En 1799, los diputados de Grattan celebraron muchos debates ruidosos y consiguieron derrotar la propuesta de unificar los dos parlamentos. Sin embargo, esta victoria fue muy pequeña, ya que ganaron por solo cinco votos. Esto animó al gobierno a organizar la propaganda y la persuasión mediante el soborno. En junio de 1800 se aprobó el Acta de Unión, y en agosto se concedió la aprobación real. Irlanda pasó a formar parte del Reino Unido en enero de 1801.

Capítulo 7 - El Acta de Unión y la Gran Hambruna

Un monumento a la Gran Hambruna en Dublín
https://en.wikipedia.org/wiki/Great_Famine_(Irlanda)#/media/File:F
amine_memorial_dublin.jpg

En 1801, el Parlamento irlandés se autoexcluyó. Todos los debates y decisiones políticas debían tomarse en Londres. El destino de toda la isla estaba ahora en manos de la lejana legislatura, pero ya se había formado una oposición. Se presentó en el resurgimiento del nacionalismo católico, que surgió a principios del siglo XIX. Los católicos de todas las clases se unieron para luchar por la emancipación completa, y su impulso fue liderado por un solo político, Daniel O'Connell (1775-1847). Dominó la vida política irlandesa en la primera mitad del siglo XIX con sus campañas masivas y no violentas que desafiaban el sistema gubernamental. Se centró en el recién descubierto orgullo nacional entre la población mayoritaria de Irlanda, los católicos, pero también apeló a los jóvenes de cualquier facción, ya que veía en las nuevas generaciones la capacidad de aportar nuevas ideas para hacer avanzar la causa irlandesa.

Pero mientras O'Connell predicaba y practicaba tácticas pacifistas, Irlanda atravesaba los tiempos más difíciles. La pesadilla de la hambruna masiva y las pandemias de enfermedades se apoderaban de la isla. La plaga de la patata y la Gran Hambruna sacudieron Europa occidental y cambiaron profundamente a Irlanda. Miles de personas murieron, millones emigraron e Irlanda experimentó la despoblación masiva más trágica de la historia. Hombres, mujeres y niños irlandeses se vieron obligados a huir para salvar sus vidas. Pero la hambruna tuvo consecuencias inesperadas. Endureció las actitudes y acciones de los jóvenes irlandeses, que cambiaron su táctica de métodos pacifistas de persuasión a un golpe rápido y violento contra el dominio británico. El gobierno británico fracasó en la lucha contra la hambruna, y este fracaso fue la última gota en el océano de agravios que los irlandeses habían albergado durante tanto tiempo.

Irlanda y la sociedad del siglo XIX

El siglo XIX en Irlanda comenzó con un escenario político totalmente nuevo, pero los principales actores gubernamentales apenas habían cambiado. La unión con Gran Bretaña dejó los asuntos irlandeses en manos de 658 miembros de la Cámara de los Comunes, de los cuales solo un centenar eran irlandeses. Las preocupaciones que tenían los irlandeses se verían obligadas a competir por la atención del gobierno. Pero los legisladores irlandeses que se sentaban en el Parlamento británico y los que en casa ejecutaban la ley seguían siendo los mismos que antes. La Ascendencia seguía prevaleciendo, y los protestantes dirigían la administración pública desde Dublín. Cuando Irlanda entró en la unión, estaba muy dividida, pero ya no era solo la división entre protestantes y católicos: Los protestantes estaban divididos entre los que tenían sentimientos rebeldes y los que apoyaban al gobierno. Los terratenientes y el clero anglicano preferían la unión porque salvaguardaba la continuidad de su dominio. Los campesinos protestantes y la clase obrera, así como los presbiterianos, se oponían a la unión porque pensaban que el gobierno británico se inclinaría por dar más igualdad a los católicos.

En 1803, el último eco de la rebelión de 1798 se dejó sentir en forma de un pequeño levantamiento localizado. Los Irlandeses Unidos, dirigidos por Robert Emmet (1778-1803), hicieron planes para tomar el castillo de Dublín. Todavía esperaban que Francia acudiera en su ayuda, aunque esta no llegó. No obstante, el 23 de julio se produjo una breve refriega en las calles de Dublín en la que el presidente del Tribunal Supremo, Lord Kilwarden, y su yerno murieron apuñalados. Robert Emmet fue rápidamente capturado y ejecutado, uniéndose al panteón de los luchadores por la libertad de Irlanda. Pero los católicos irlandeses estaban posiblemente aún más divididos políticamente que los protestantes irlandeses. Mientras los campesinos católicos seguían resentidos con los protestantes y el gobierno británico por siglos de opresión, los católicos de clase media estaban dispuestos a trabajar en el nuevo sistema impuesto por el Acta de Unión para conseguir un mejor nivel de vida. Su principal esperanza era conseguir la igualdad de derechos políticos dentro del gobierno británico, y eso les abriría el mundo capitalista en el que podrían prosperar. Muchos laicos y clérigos católicos denunciaron la rebelión de 1798 y ahora apoyaban la unión. Pero durante el siglo XIX se producirían profundos cambios en la sociedad irlandesa, y estos católicos que apoyaban la unión volverían a cambiar de opinión.

La depresión económica que se produjo tras el fin de las guerras napoleónicas en 1815 vinculó a todos los protestantes con el gobierno británico porque les permitió disfrutar de aranceles protectores y preferencias comerciales. La competencia católica por los salarios y los arrendamientos empujó a los protestantes de clase baja a buscar la protección del gobierno imperial y de sus terratenientes. La Orden de Orange representaba ahora la lealtad institucionalizada a la Gran Bretaña imperial. La orden unía a las clases bajas y altas de la sociedad protestante en una alianza sectaria que garantizaba las prerrogativas protestantes mediante el Acta de Unión. Durante la década de 1820, la Orden de Orange creció en número. A mediados del siglo XIX, la orden se fortaleció aún más cuando los presbiterianos de clase media comenzaron a unirse. En este periodo se renovaron los esfuerzos por convertir a los católicos, pero al igual que las campañas anteriores, fracasaron. Sin embargo, este fracaso solo sirvió para profundizar los prejuicios protestantes hacia los católicos.

A principios del siglo XIX, se prohibió la educación de los niños católicos y aparecieron muchas escuelas de cobertura. Estaban diseñadas para llevar secretamente la educación a los niños católicos, que se reunían en casas particulares. Los profesores solían estar poco calificados, pero enseñaban historia de Irlanda y literatura clásica. Durante la década de 1820, las leyes se flexibilizaron y se pudieron abrir legalmente escuelas para católicos. Las clases solían impartirse en graneros y casas de campo, ya que el gobierno no proporcionaba a los profesores católicos más que libros de texto. Como estos estaban en inglés, los católicos tenían que aprender la lengua inglesa, y el idioma irlandés quedó fuera del uso educativo. En 1831, se estableció un sistema de educación primaria a nivel nacional. Se incluyó a los católicos y se les dio el equipamiento y las aulas que necesitaban; las escuelas de cobertura y las aulas de granero ya no eran necesarias. A principios del siglo XX, la Iglesia católica dirigía unas 9.000 escuelas, y redujeron en gran medida el analfabetismo de la población irlandesa.

Los protestantes del siglo XIX seguían representando una minoría gobernante en Irlanda. Formaban parte de las clases media y alta de la sociedad como terratenientes aristocráticos, y ocupaban todos los puestos en la abogacía, las finanzas, el comercio y la industria. Podían encontrarse granjeros protestantes, pero incluso ellos eran privilegiados arrendatarios principales que poseían las mejores tierras. Los católicos seguían siendo mayoría en toda Irlanda, excepto en el noreste, donde prevalecían los protestantes. Más del 80% de la población total irlandesa era católica, y casi todos eran campesinos, agricultores y trabajadores. A principios del siglo XIX, apareció un nuevo estrato de la clase trabajadora, conocido como los "cottiers". Su número creció rápidamente y, en la década de 1850, eran mayoría entre los trabajadores rurales. Los cottiers eran simples trabajadores que recibían una cabaña y dos acres de tierra, o incluso menos. Esto era suficiente para apacentar una vaca y cultivar algunas patatas. A su vez, los cottiers tenían que pasar un número determinado de días trabajando en los campos de su empleador. La mayoría de estos jornaleros no manejaban dinero en efectivo y no tenían contratos de arrendamiento. Sus empleadores les descontaban una renta muy cara de sus escasos salarios, manteniendo un control total. Este sistema garantizaba una mano de obra fiable, mientras que los cottiers obtenían tierras lo suficientemente grandes para su sustento. Sin embargo, los "cottiers" vivían constantemente al borde de la existencia. Sin embargo, no eran el estrato más pobre de la sociedad. Por debajo de ellos estaban los jornaleros sin tierra y los pequeños propietarios, los más pobres entre los pobres, que representaban la mitad de la población rural total de Irlanda.

Las sociedades secretas crecieron en la Irlanda rural en la primera mitad del siglo XIX. Eran las sucesoras de grupos como los Whiteboys y otras sociedades similares del siglo anterior, asociaciones de agricultores y jornaleros unidos por un juramento secreto. Los Whiteboys reaparecieron en Munster, y otros nuevos, como los Rockites y los Terry Alts, surgieron por todo el país. Los Defensores pasaron a la clandestinidad tras la revolución, pero nunca dejaron de existir. Ahora, emergieron de nuevo como los Ribbonmen. Se les conocía alternativamente como la Sociedad de San Patricio o la Asociación del Trébol, y tenían logias por toda Irlanda. Estas sociedades secretas y grupos similares estaban motivados por diversas quejas, como los altos impuestos, las rentas, los diezmos y los bajos salarios. Eran grupos violentos y, durante este periodo, crecieron no solo en número, sino también en intensidad. Se enfrentaban abiertamente a la policía y no era raro que asesinaran a ciertos terratenientes. En las ferias y mercados, se enfrentaban a los Orangemen, lanzando amenazas directas a todos los protestantes de Irlanda. La hostilidad entre los protestantes y los católicos se agravó aún más durante el siglo XIX.

El nacionalismo católico

Al promover el Acta de la Unión, el Primer Ministro William Pitt prometió la completa emancipación de los católicos irlandeses. Sin embargo, la oposición de la Corona y de los tories anglicanos resultó demasiado fuerte, y se abandonaron todos los planes de emancipación. En 1821, el rey Jorge IV (r. 1820-1830) visitó Irlanda, y las esperanzas volvieron a surgir. Incluso nombró a un nuevo lord teniente, Richard Wellesley (1760-1842), que estaba a favor de la emancipación. Pero los políticos de Westminster no tenían interés en mostrar ninguna simpatía por los católicos, y las expectativas de cambio volvieron a desaparecer. Los católicos fueron inhabilitados para ocupar cualquier cargo si se negaban a prestar juramento protestante. En el ejército, los católicos no podían tener un rango superior al de coronel. Los católicos consideraban que merecían más perspectivas en sus carreras, así como la oportunidad de participar en la toma de decisiones políticas. Pero no había ninguna señal clara de que la situación fuera a cambiar pronto, y el resentimiento de los católicos creció durante el siglo XIX. El esfuerzo por conseguir la emancipación católica solo podía tener éxito si los católicos se organizaban y atraían un amplio atractivo. Con este espíritu, Daniel O'Connell fundó en 1823 la Asociación Católica.

La Asociación Católica se basaba en una premisa diferente. En lugar de reunir a los católicos acomodados o de centrarse únicamente en los pobres, Daniel O'Connell fundó una organización que aceptaba a todos los católicos, sin importar su condición social. Para atraer a las masas, recurrió a los sacerdotes porque conocían a la gente y estaban presentes en todas partes; podían reunir fácilmente a las masas. El clero estaba encantado de complacerle porque estaba enfadado con los protestantes que presionaban para la conversión de su pueblo. Los sacerdotes apoyaron abiertamente la campaña de emancipación de O'Connell. O'Connell también introdujo una cuota de afiliación a su organización, pero no costaba más que un penique al mes. Era una cantidad tan baja que todos, excepto los más pobres, podían pagarla. La cuota estaba ahí solo por su efecto psicológico: los miembros se sentían orgullosos, sabiendo que estaban contribuyendo a un esfuerzo colectivo para llevar el cambio a Irlanda. Miles de católicos se afiliaron, y el dinero recaudado no era poco. Centavo a centavo, la Asociación Católica llegó a ser incomparable en número y riqueza.

Para inspirar aún más a su pueblo, O'Connell organizó grandes reuniones que fomentaban la solidaridad y la unidad. En el verano de 1826 se celebraron elecciones generales, y los sacerdotes católicos reunieron a los electores para llevarlos a las urnas. La mayor parte de los votantes eran granjeros arrendatarios, y consiguieron anular las elecciones en Wexford, Westmeath, Lough y Monaghan. Los diputados que eligieron eran protestantes, pero simpatizantes de las peticiones católicas. Pero el acontecimiento que supuso un giro en las mentes de los políticos británicos se produjo dos años después, en 1828, cuando un diputado por Clare dimitió para poder aceptar un cargo en el gabinete británico. Hubo que celebrar elecciones para elegir un nuevo diputado por Clare, y aunque O'Donnell sabía que no podía formar parte del Parlamento por ser católico, ninguna ley le prohibía ser candidato. Una vez más, los sacerdotes guiaron a la gente a los lugares de votación, y el resultado fue la victoria de O'Connell, con 2.057 votos frente a 982. El gobierno de Gran Bretaña se sorprendió por estos resultados. Temían que los católicos irlandeses estuvieran demasiado entusiasmados por esta victoria y recurrieran a la violencia si el gobierno la rechazaba. Conocían los métodos no violentos de O'Donnell, pero ¿quién garantizaría la paz una vez que las masas católicas se enfurecieran? Además, en la Cámara de los Comunes, la mayoría estaba a favor de la emancipación. El primer ministro Arthur Wellesley y el ministro del Interior Robert Peel aceptaron la realidad y llevaron el proyecto de ley de emancipación católica a la sesión del Parlamento de 1829. El proyecto se convirtió en ley en abril de ese mismo año, y los católicos pudieron ahora presentarse a cualquier cargo gubernamental, excepto a los dos más altos —lord teniente y lord canciller de Irlanda. O'Connell ocupó su escaño en el Parlamento, donde permaneció durante los doce años siguientes y utilizó su influencia para apoyar al Partido Whig que apoyaba las causas irlandesas.

A lo largo de los años, O'Connell trabajó para garantizar la derogación del Acta de Unión. En 1840, organizó la National Repeal Association (Asociación Nacional para la Derogación), una organización que utilizaba las viejas y probadas tácticas de reclutamiento empleadas por su Asociación Católica. Una vez más, se cobraba una pequeña cuota de afiliación y, de nuevo, se utilizaba al clero para reunir a las masas. O'Connell proclamó 1843 como el "año de la revocación", y celebró cuarenta reuniones masivas en las que pronunció discursos para inspirar a los católicos de Irlanda. Una de esas reuniones entró en los anales de la historia. Se celebró en Tara el 15 de agosto de 1843, y gente de todo el país viajó durante días para venir a escuchar el discurso de O'Connell. El líder de la Asociación Nacional para la Derogación esperaba que la opinión pública volviera a influir en el gobierno, como lo hizo con la emancipación de los católicos una década antes. Pero aunque la emancipación contaba con un amplio apoyo en la Cámara de los Comunes, ni un solo parlamentario apoyó la derogación, salvo O'Connell y una veintena de sus asociados. El gobierno estaba decidido a mantener la unión, y las reuniones masivas de la National Repeal Association fueron prohibidas. O'Connell se retiró a Clontarf, y otros asumieron el liderazgo de la asociación. Sin embargo, no fueron capaces de decidir qué dirección tomar y cómo organizar el programa, y la National Repeal Association se fue apagando poco a poco.

El poder pacífico de las reuniones de masas y de la opinión pública fracasó al final, pero su ideología continuó y acabó por dar la victoria. O'Connell consiguió despertar la conciencia política de los católicos irlandeses, que durante tanto tiempo estuvieron excluidos de la toma de decisiones. El pueblo, que era mayoritario en su propio país, estaba gobernado por una minoría precisamente porque carecía del derecho de expresión política. Pero ahora lo tenían, y lo utilizaron para engendrar nuevas asociaciones patrióticas que utilizarían medios tanto pacíficos como marciales para conseguir el derecho irlandés al autogobierno. El movimiento de la Joven Irlanda estaba formado principalmente por jóvenes intelectuales de clase media urbana, y muchos de ellos eran incluso protestantes. Se reunían en torno al semanario *Nation*, fundado en 1842 para ayudar a comunicar las ideas de O'Connell a las masas. La Joven Irlanda pretendía mantener vivo el nacionalismo irlandés en la gente, independientemente de su condición social o sus opiniones religiosas. El movimiento no quería utilizar la violencia en su lucha por la independencia de Irlanda, pero estaba abierto a ello si se presentaba la posibilidad. El líder de la Joven Irlanda fue Thomas Osborne Davis (1814-1845), y sus escritos nacionales inspiraron a muchas generaciones posteriores. Aunque el movimiento se resistió a utilizar la violencia, volvió a adoptar medidas más radicales cuando las dificultades económicas de la Gran Hambruna presionaron.

La hambruna de la patata irlandesa

Irlanda ya había experimentado fracasos en las cosechas de patata. Entre 1816 y 1842 se produjeron al menos catorce casos diferentes de plagas, pero lo que ocurrió en 1845 no se había visto nunca. La nueva variedad de plaga estaba causada por un hongo conocido como *Phytophthora infestans*, importado de Norteamérica. Era increíblemente virulento y se extendió por toda la isla en cuestión de días. Las hojas de las plantas de patata se ennegrecían primero y luego se deshicieron en polvo al menor contacto. La plaga comenzó primero en Escocia y Bélgica en 1845 y se extendió rápidamente por el noroeste de Europa. Pero en ningún lugar la gente dependía tanto de la cosecha de patatas como en Irlanda. Desesperados por salvar sus campos, los agricultores intentaron cortar las hojas y los tallos enfermos, pero el hongo afectaba al propio suelo y las patatas morían en la tierra. Incluso las patatas que parecían sanas y comestibles se pudrían rápidamente después de ser cosechadas.

La plaga abarcó rápidamente la mitad de la isla, y entre el 30% y el 40% de la cosecha fue destruida. Al principio, solo unos pocos murieron de hambre porque los agricultores reaccionaron rápidamente, vendiendo su ganado y comprando suficientes alimentos para mantener a sus familias. Además, el gobierno británico no tardó en reaccionar, aplicando la Ley de Ayuda a los Pobres, un sistema que estaba en vigor desde 1838. Los que pedían ayuda al Estado debían ingresar en las workhouses (casas de trabajos), instituciones en las que se les daba comida, una cama y un trabajo. Los comisionados de la Ley de Pobres eran los que supervisaban el sistema y aceptaban a individuos o familias en las workhouses. Sin embargo, la Ley de Ayuda a los Pobres no fue suficiente, y el gobierno pronto reconoció que la hambruna desbordaría el sistema. Deseando evitar que los precios de los alimentos se dispararan, compraron £100.000 de maíz y harinas indias con las que esperaban poder controlar el mercado de alimentos. Además de los comisarios de la Ley de Pobres, el gobierno también creó comités locales encargados de distribuir los alimentos. Los voluntarios que trabajaban con las familias más afectadas eran numerosos, y la solidaridad del pueblo ayudó mucho a evitar la hambruna en 1845.

Pero al año siguiente la amenaza de hambruna se convirtió en una catástrofe. En agosto de 1846, el tizón se extendió por toda Irlanda y destruyó todas sus cosechas de patatas. Previamente, en julio, el gobierno de Peels había caído y fue sustituido por el ministerio Whig, que redujo los esfuerzos de ayuda del gobierno. Los whigs se desentendieron en gran medida de los asuntos irlandeses, ya que consideraban que el gobierno no debía inmiscuirse en los asuntos económicos de Gran Bretaña. El nuevo primer ministro, Lord John Russell (1792-1878), dejó la ayuda en manos de las workhouses locales y la compra y distribución de alimentos a los comerciantes locales. Su administración cerró los almacenes de alimentos y suspendió las obras públicas. Se prohibió a los comités locales de ayuda vender alimentos a precios más bajos que los del mercado. Pronto, los irlandeses, desesperadamente pobres, no pudieron permitirse los alimentos básicos. En algunas zonas de la isla, no se podía encontrar comida en ningún sitio.

El gobierno pronto se dio cuenta de que la escasez de alimentos era tan grave que tuvo que poner en marcha una obra pública. Sin embargo, las nuevas leyes exigían que cada proyecto local obtuviera la aprobación de Londres, lo que generaba grandes retrasos. Miles de personas perecieron mientras esperaban la aprobación o la ayuda. Cuando llegó el invierno, resultó ser uno de los más duros de la historia de Irlanda. El pánico se apoderó de la gente mientras las turbas hambrientas recorrían el campo en busca de cualquier cosa que pudiera servirles de sustento durante un poco más de tiempo. Las workhouses estaban abarrotadas, y las multitudes solo traían consigo enfermedades y plagas de ratas. En diciembre de 1846, en Skibbereen (Country Cork), se encontraron un centenar de cadáveres en un hospicio, medio devorados por las ratas. Murieron tantas personas que el gobierno se vio finalmente obligado a volver a aplicar la Ley de Pobres. Se formaron unos 2.000 comités de ayuda, que distribuyeron alimentos a más de tres millones de personas en toda Irlanda. Pero esto era solo el 40% de la población. Para el resto, el gobierno tuvo que recurrir a iniciativas privadas como las sociedades benéficas y filantrópicas. Los irlando-estadounidenses se unieron y enviaron ayuda, tanto alimentos como dinero. La Sociedad Religiosa de los Amigos (cuáqueros) abrió comedores de beneficencia por todo el país, pero también sirvieron de informadores para comunicarse con la gente y dirigirla hacia donde podía obtener una ayuda más específica. También difundieron la noticia de la gravedad de la hambruna en Irlanda por todo el país y en el extranjero. Tanto los grupos religiosos católicos como los protestantes ofrecieron ayuda, pero muchos católicos tuvieron que convertirse para recibir alimentos de los grupos de ayuda protestantes. Los terratenientes hicieron todo lo posible por conservar sus riquezas, pero algunos de ellos tuvieron que proclamarse en bancarrota al gastar sus riquezas para salvar a sus inquilinos de la inanición.

La plaga de la patata demostró ser difícil de tratar, ya que volvía constantemente. Las cosechas de 1846 fueron inservibles y, aunque la enfermedad disminuyó en 1847, volvió con toda su fuerza en 1848 y 1849. La plaga persistía porque los irlandeses dependían de este único cultivo, la patata, y además carecían de variedades genéticas. Constantemente plantaban la misma especie que carecía de resistencia a la *Phytophthora infestans*, lo que permitía al hongo prosperar. La crisis persistió, y aunque no existen cifras exactas de personas que sucumbieron a la hambruna, las estimaciones oscilan entre 775.000 y un millón de personas. La mayoría de la gente no murió de hambre, sino de enfermedades como el tifus y el cólera. Debido a la falta de alimentos, la gente comía nabos crudos, algas, mostaza silvestre y ortiga de fuego, así como los cadáveres en descomposición de animales domésticos como caballos, perros y ganado que morían por enfermedad. La gente también moría de edema por hambre (hidropesía por hambruna) y escorbuto, ya que carecían de vitamina C en su dieta, así como de diversas infecciones contraídas en los hacinados asilos y comedores sociales.

Los que eran lo suficientemente fuertes y tenían algunos ahorros empezaron a huir de Irlanda. En el otoño de 1846, muchos cottiers se marcharon, y en enero de 1847 les siguieron los pequeños agricultores. El movimiento de los irlandeses se parecía más a un éxodo masivo que a una emigración. Caminaban desde las zonas occidentales de la isla hasta Dublín, donde se embarcaban hacia las costas de Inglaterra. En junio de 1847, más de 300.000 irlandeses desembarcaron en Liverpool, poniendo a prueba los suministros de ayuda de la ciudad. Los más pobres se quedaron en Inglaterra, pero los que podían permitirse viajar optaron por Norteamérica. La mayoría desembarcó en Estados Unidos. No había suficientes barcos para transportar a toda la gente que quería navegar, y muchas barcazas de carbón y barcos de ganado empezaron a recibir pasajeros. Sin embargo, estos barcos no eran aptos para el transporte humano de larga duración y pronto se convirtieron en barcos-ataúd. Una sexta parte de todas las personas que zarparon hacia Canadá en 1847 murieron durante el viaje o inmediatamente después de su llegada.

Durante una sola década, de 1845 a 1855, más de 2,1 millones de hombres, mujeres y niños escaparon de Irlanda. Dado que aún no se había implantado un sistema de censo estatal, se calcula que Irlanda perdió una cuarta parte de su población a causa de la inmigración durante ese periodo. La pérdida de población vino acompañada de un drástico descenso de las pequeñas explotaciones agrícolas. La clase cottier casi desapareció y fue sustituida por el modelo agrícola moderno de Irlanda: la granja familiar. En la zona occidental de la isla, la pobreza persistió durante más tiempo, al igual que los cottier. La subdivisión de la tierra por parte de los arrendatarios terminó, y toda la sociedad irlandesa experimentó un cambio. Los matrimonios tardíos se hicieron más comunes, y nacían menos niños. Las granjas más grandes crecieron en número, y los grandes terratenientes sobrevivieron a la hambruna. Pero el descenso de la población provocó una disminución de las rentas, y el 10% de los terratenientes se declararon en quiebra en el periodo inmediatamente posterior a la hambruna. Las propiedades de la tierra se vendían, se dividían en unidades más pequeñas y eran compradas por los terratenientes que lograron prosperar incluso durante la penuria. Por ello, se culpaba a los terratenientes de la hambruna, junto con el gobierno británico. Este resentimiento hacia los ricos terratenientes caló hondo en el pueblo de Irlanda, que ahora albergaba un sentimiento hacia las acciones drásticas. El 13 de enero de 1847, William Smith O'Brien y John Mitchel fundaron la Confederación Irlandesa. Consiguieron la elección de dos diputados al Parlamento británico y apoyaron públicamente el uso de la violencia contra los británicos.

O'Brien viajó a Francia para aprender de los revolucionarios que habían conseguido derrocar la monarquía e instaurar una república en 1848. Volvió a casa inspirado y creó un directorio de guerra para planificar y lanzar los disturbios. Los primeros disturbios se produjeron el 29 de julio de 1848, y se recuerdan coloquialmente como la "La batalla de la trama de la col de la viuda McCormac". El tiroteo entre los rebeldes y la policía duró varias horas. Fue la policía la que disparó primero, y la gente de O'Brien se quejó de que el tiroteo era injustificado, ya que ellos nunca provocaron a la policía. O'Brien y Mitchel fueron arrestados, y juntos fueron condenados bajo la Ley de Delitos de Traición y transportados a Tasmania, una colonia penal británica. Después de esto, el movimiento de la Joven Irlanda se derrumbó, y la Confederación Irlandesa se fusionó con la Repeal Association, abandonando su pasado violento. Pero la tragedia de la Gran Hambruna perduraba y marcaba a los supervivientes con horribles recuerdos. El pueblo aún recurriría a la fuerza, pero durante los siguientes veinte años, su sentimiento hacia las medidas violentas permanecería latente.

Capítulo 8 - La lucha por la independencia

Un retrato fotográfico de Charles Stewart Parnell
https://en.wikipedia.org/wiki/Charles_Stewart_Parnell#/media/File:
Charles_Stewart_Parnell_-_Brady-Handy.jpg

La Gran Hambruna redujo la población de Irlanda, pero los que sobrevivieron y decidieron quedarse reforzaron su espíritu. Las capas de la sociedad que aún necesitaban luchar por sus derechos de propiedad de la tierra y de libertad se agitaron de nuevo, y surgieron nuevos esfuerzos para asegurar el autogobierno. Pero Irlanda seguía dividida, no solo religiosa, sino políticamente. Mientras algunos grupos trataban de asegurar sus derechos por la fuerza, otros optaban por una vía de cooperación, tratando de recuperar el Parlamento irlandés. Como tantas veces antes, la fuerza volvió a fracasar, pero el espíritu no se aplastó. Bajo la dirección de Charles Stewart Parnell (1846¬-1891), Irlanda siguió trabajando por su independencia por medios constitucionales, de forma pacífica, pero con gran lentitud. Los logros fueron escasos. A principios del siglo XX se fundó un nuevo partido político, el Sinn Féin, que reclamaba una República irlandesa independiente. Los esfuerzos constitucionales registraron algunos avances, y el comienzo del siglo estuvo marcado por la aparición de pequeños agricultores independientes.

Irlanda seguía sin estar unida, y muchas divisiones —religiosas, políticas y sociales— convirtieron al país en una isla llena de tensión que estaba a punto de estallar. Pero antes de que la violencia pudiera estallar en una guerra civil, comenzó la Primera Guerra Mundial. Mientras Europa sufría una violencia a escala catastrófica, los unionistas se apresuraron a defender a Gran Bretaña. Algunos nacionalistas pretendían aprovechar la guerra que asolaba el mundo entero para golpear al poder gobernante en 1916, pero el gobierno consiguió reprimirlos. Sin embargo, agitaron la conciencia de sus compatriotas y despertaron la simpatía por una república nacional. El pueblo irlandés se acordó de este sentimiento cuando terminó la Guerra Mundial y los rebeldes republicanos retomaron su lucha por la independencia. El resultado fue otra división de Irlanda y del pueblo irlandés. Toda la isla se dividió y se crearon dos monarquías constitucionales, que dejaron muchos resentimientos en ambos lados. La monarquía del norte estaba fuertemente ligada al Reino Unido, mientras que la del sur mantenía lazos sueltos con el gobierno anterior. Después de 700 años, los británicos finalmente abandonaron Irlanda, pero cuando se fueron, la sociedad seguía dividida: geográfica, política y religiosamente.

La autonomía toma forma y el liderazgo de Parnell

El poder social, económico y político del siglo XIX se concentraba en manos de los propietarios de la tierra, como siempre había ocurrido en Irlanda. Un pequeño número de terratenientes, solo unos 800, poseían más de la mitad de las tierras disponibles, pero en la segunda mitad del siglo existía una gran variedad de acuerdos de propiedad. No todos los terratenientes eran ricos; su situación económica dependía en gran medida de diversos factores, como la parte de Irlanda en la que vivían (el oeste siempre fue significativamente más pobre), la cantidad de tierra que poseían, los salarios que pagaban a sus empleados, etc. La relación entre los terratenientes y los arrendatarios estaba resentida, sobre todo porque los arrendatarios querían más seguridad en la tenencia de la tierra. En 1850 se fundó la Liga de Arrendatarios Irlandeses, que reunió a los arrendatarios de toda Irlanda en un sindicato que exigía una renta más baja a los terratenientes. En las elecciones parlamentarias de 1852, la Liga obtuvo cuarenta escaños. Sin embargo, no consiguió introducir cambios legislativos y no hizo más que descender hasta su destrucción unos años más tarde.

En 1858 se fundó en Estados Unidos la Hermandad Feniana, que reunía a irlandeses emigrados para contrarrestar al gobierno británico y abogar por la independencia de Irlanda. Ese mismo año se fundó en Irlanda una organización homóloga, denominada Hermandad Republicana Irlandesa. Todos los miembros de estas dos organizaciones eran conocidos como los "fenianos", y no tenían reparos en utilizar la fuerza para conseguir sus objetivos. Llenaron sus filas con la clase trabajadora y, en 1866, contaban con miles de obreros, artesanos, oficinistas, agricultores y maestros de escuela.

Reunieron a irlandeses tanto rurales como urbanos, en el país y en el extranjero. Los fenianos eran organizaciones casi puramente católicas, pero abogaban por una república irlandesa que garantizara la igualdad para todos. También querían una estricta separación de la Iglesia y el Estado. Pero cuando la revuelta estaba a punto de producirse en 1866, la rama estadounidense de los fenianos no entregó las armas prometidas, y se abortó el plan. El levantamiento se produjo finalmente al año siguiente, pero se limitó a unas pocas escaramuzas locales que fueron rápidamente sofocadas. Después de otra revuelta fallida, la dirección de los fenianos cambió, y con ella se redujo el uso de la violencia. La organización concentró sus esfuerzos en inspirar a la gente para que se activara.

Aunque los fenianos fracasaron en su revolución, consiguieron inspirar al estadista británico William E. Gladstone (1809-98), que finalmente se dio cuenta de que la cuestión irlandesa era de gran importancia. Era el líder del Partido Liberal y un orgulloso anglicano. En 1868 se convirtió en Primer Ministro y ocupó el cargo hasta 1874. Bajo su liderazgo, el gobierno introdujo dos importantes cambios legislativos que dieron forma a la nueva relación anglo-irlandesa. El primero fue la desestructuración de la Iglesia de Irlanda. La Ley de la Iglesia Irlandesa de 1869 puso fin a los privilegios de la Iglesia de Irlanda, separándola del Estado. Esto significó que la minoría protestante perteneciente a esta iglesia dejó de ser el principal motor de la política estatal de Irlanda. La ley de desestructuración también supuso el fin de la Ascendencia Protestante. La segunda pieza legislativa fue la Ley de Tierras del 1 de agosto de 1870, por la que se compensaba a los arrendatarios desahuciados por sus pérdidas. Esta ley fue en gran medida ineficaz, pero representa la primera vez que el gobierno británico prestó atención a los derechos de los arrendatarios.

En 1870, los nacionalistas de Irlanda fundaron la Home Rule, un movimiento que pedía el regreso del Parlamento irlandés. La Home Rule fue liderada por Isaac Butt (1813-79), un abogado irlandés que entró en el Parlamento como diputado conservador. Se sintió conmovido por el sufrimiento de su pueblo durante la Gran Hambruna y se inspiró en los esfuerzos de los fenianos. Butt era consciente de que la independencia total de Irlanda era imposible en ese momento, pero un parlamento separado era una opción más realista a sus ojos. En las elecciones de 1874, la Home Rule de Butt obtuvo más de la mitad de los escaños irlandeses en la Cámara de los Comunes. Pasaron los cinco años siguientes impulsando la creación de un parlamento separado, siguiendo todos los procedimientos del gobierno británico.

Durante el invierno de 1878-79, el clima fue inusualmente húmedo, amenazando con la pérdida de cosechas y otro desastre como la Gran Hambruna. Muchos terratenientes quebraron debido a los tiempos difíciles. La gente de toda Irlanda se enfrentaba al hambre, la bancarrota y el desahucio. Los fenianos locales celebraron una reunión en Irishtown (condado de Mayo) para iniciar una campaña que evitara la crisis. En busca de apoyo, los fenianos recurrieron a un joven pero ascendente político irlandés, Charles Stewart Parnell (1846-91). Parnell se esforzó por persuadir a la Home Rule y a su líder, Isaac Butt, para que pasara de seguir los lentos y pasivos procedimientos parlamentarios a adoptar tácticas más activas, sobre todo la de negarse a cooperar con la Cámara de los Comunes. Butt se opuso a las nuevas tácticas, pero murió en 1879, y Parnell asumió la posición de liderazgo dentro del Gobierno Autónomo. Unió fuerzas con el líder de los fenianos, Michael Davitt (1846-1906), y juntos fundaron la Liga Nacional Irlandesa de la Tierra. Parnell era el presidente de la Liga, mientras que Davitt era su principal organizador. Juntos reclutaron miembros de todo tipo, desde moderados hasta radicales. Muchos obispos y clérigos católicos apoyaron la Liga, y se crearon sucursales en Estados Unidos y Gran Bretaña. El principal objetivo de la Liga eran los derechos agrarios del pueblo; organizó la resistencia a los terratenientes, tratando de impedir el desalojo de los inquilinos. Su principal objetivo a largo plazo era transformar a los inquilinos en propietarios. La llamada guerra de la tierra duró desde 1879 hasta 1882, y durante ella muchos inquilinos fueron desalojados. Para luchar contra esto, idearon una nueva táctica: el boicot. Se puso un embargo a las granjas que desalojaban a sus inquilinos, y se cortó por completo el contacto económico y social de los terratenientes. La palabra boicot proviene del nombre de un agente de tierras del condado de Mayo, el capitán Charles Boycott (fallecido en 1897).

La Liga dirigió su guerra contra los terratenientes exigiendo las "tres Fs." en inglés: fair rent, fair sale, and fixture of tenure (alquiler justo, venta justa y fijación de la tenencia). Pero su activismo despertó pasiones y, naturalmente, estalló la violencia. El gobierno trató de sofocar la violencia, pero tenía las manos atadas contra la Liga Nacional de la Tierra porque era un organismo legal. La otra dificultad era que la Liga contaba con el fuerte apoyo del Parlamento. Durante la década de 1880, la Liga asumió los poderes de los tribunales locales y provocó al gobierno alentando a la población rural a la violencia. Finalmente, Londres dio luz verde y comenzaron las detenciones de los líderes de la Liga. En febrero de 1881, Davitt fue uno de los primeros en ser detenidos. Pero en agosto, el Parlamento aprobó una nueva ley de tierras por la que se legalizaban las "Tres Fs.". El gobierno creó tribunales especiales en los que los inquilinos podían solicitar una sentencia de alquiler justo, y se introdujo un sistema de propiedad compartida. Pero la Liga Nacional Irlandesa seguía sin estar satisfecha y continuaba agitando a la población hasta provocar disturbios. El gobierno respondió arrestando a todos los miembros principales de la Liga, incluido el propio Parnell. Pero solo consiguieron enfurecer a este político irlandés, que emitió el "Manifiesto de la No Renta" desde su celda en la cárcel de Kilmainham, en Dublín. En el manifiesto,

Parnell retomaba sus anteriores llamamientos para que los nacionales organizaran una huelga de alquileres. Sin embargo, la mayoría de los inquilinos y agricultores estaban satisfechos con la ley que el gobierno había aprobado y no respondieron a los llamamientos de Parnell.

La Liga siguió funcionando y organizando pequeños disturbios localizados. Pero en marzo de 1882, Parnell llegó a un acuerdo, el llamado Tratado de Kilmainham, con el gobierno, prometiendo suspender todos los disturbios a cambio de concesiones a los arrendatarios. El gobierno dejó de detener a los miembros de la Liga, y los que ya estaban en la cárcel fueron liberados. En 1883, el Parlamento aprobó la Ley de Atrasos en los Alquileres que, junto con la Ley de 1881, redujo los intereses de los terratenientes en mantener sus fincas. Los terratenientes empezaron a vender sus propiedades a sus inquilinos en condiciones favorables. En 1885, el gobierno introdujo un sistema por el que los inquilinos recibían ayuda para comprar las tierras. Esto hizo que los inquilinos se sintieran satisfechos, ya que habían conseguido su objetivo final: el derecho a poseer sus propias tierras. La Liga Nacional Irlandesa de la Tierra ya no era necesaria, y pronto fue sustituida por una nueva organización, la Liga Nacional Irlandesa, fundada el 17 de octubre de 1882.

La Liga Nacional cambió el enfoque de sus acciones de los derechos agrarios al derecho de los irlandeses a gobernarse a sí mismos. Davitt y Parnell creían que si podían eliminar a la clase terrateniente, eso sería un comienzo para eliminar al gobierno británico de la isla. Los activistas de la Liga trabajaron ahora para conseguir otras reivindicaciones irlandesas, principalmente el parlamento nacional. Las elecciones parlamentarias de 1885 dieron una amplia victoria a Parnell y sus partidarios. Los miembros que se comprometieron a defender el Gobierno Autónomo obtuvieron ochenta y cinco escaños irlandeses en el parlamento, y con este número pudieron equilibrar a los dos partidos británicos dominantes, los liberales y los conservadores. El 8 de abril de 1886 se presentó en la Cámara de los Comunes el proyecto de ley de Autonomía, en el que se pedía la devolución de los poderes sobre los asuntos internos al Parlamento nacional irlandés. Pero el Partido Conservador consideró el proyecto de ley como un paso atrás, hacia la desunión de Gran Bretaña, y como una traición. El 8 de junio de 1886, el proyecto de ley fue rechazado por los conservadores y los liberales descontentos. Sin embargo, el intento de introducir el Parlamento irlandés marcó de nuevo una nueva relación entre Inglaterra e Irlanda. Una gran parte del Partido Liberal se dedicó a la Home Rule, y se alió con los nacionalistas de Irlanda. Esta alianza incluso sobrevivió a la división dentro de los nacionalistas irlandeses en 1891, cuando se dividieron entre las facciones parnellianas y antiparnellianas.

Los nacionalistas y los unionistas

Un ex periodista feniano, Arthur Griffith (1871-1922), fundó en septiembre de 1900 una nueva sociedad, el llamado Sinn Féin. La política oficial de su sociedad era que Irlanda debía ser una monarquía separada que compartiera el monarca con Gran Bretaña, pero que tuviera un gobierno independiente. En 1905, la sociedad de Griffith se convirtió en un partido político cuando emitió una política en la que proclamaba ilegal el acto de unión de 1800. Sinn Féin se puede traducir como "Nosotros mismos" o "Nosotros solos", y en 1906 se lanzó un periódico con el mismo nombre. Los miembros de la Hermandad Republicana Irlandesa se sintieron atraídos por la política del nuevo partido político y se unieron en gran número. Pero los nuevos miembros radicalizaron la política del partido, que pasó de defender un parlamento separado a exigir la independencia total. En 1908, el Sinn Féin probó las aguas políticas presentándose al Parlamento en las elecciones. El partido perdió por dos votos, pero una victoria tan cercana demostró que, con un poco más de trabajo, conseguirían un amplio atractivo popular.

El Sinn Féin empezó a extender su influencia y a ganar elecciones locales. Atrajo la atención de Constance Countess Markievicz (o Markiewicz, 1868-1927), que lanzó el movimiento Fianna Éireann en 1909, que abogaba por la República Irlandesa. Pronto se unió a sus esfuerzos la actriz Maud Gonne, que fundó un movimiento feminista, Inghinidhe na hÉireann (Hijas de Irlanda). Juntas, atrajeron a las personas que se sentían rechazadas por los grupos republicanos masculinos, es decir, las mujeres y los jóvenes. Pero mientras estos grupos eran todos pacíficos, la Hermandad Republicana Irlandesa seguía abogando por una república irlandesa a través de la fuerza. También sufrieron divisiones internas, al igual que la Liga de Parnell, pero consiguieron reconstruir un núcleo de militantes y empezaron a atraer a muchos reclutas. Algunos de sus miembros destacados fueron Patrick Pearse, erudito y poeta; Thomas MacDonagh, profesor de la Universidad de Dublín; y Seán MacBride, ex marido de la líder feminista Maud Gonne.

Tanto el Sinn Féin como la Hermandad Republicana Irlandesa (IRB) se oponían a la política del Partido Parlamentario Irlandés, que solo pretendía conseguir un parlamento separado. Pero a principios del siglo XX surgió una nueva capa social, que no tenía interés en la lucha política: la clase obrera. Había existido desde la fundación de las primeras industrias en Irlanda, pero finalmente representaba a la mayor parte de la población. Desplazaron el centro de la vida social del campo a las ciudades. Los asuntos de los terratenientes y los arrendatarios formaban parte del pasado irlandés, y ahora la clase obrera tenía que luchar por sus derechos. En muchas ciudades de Irlanda, los trabajadores vivían en la pobreza; estaban mal alimentados y tenían salarios bajos. En 1913, el periódico del IRB, *Irish Freedom*, informó de que más de un tercio de la población de Dublín estaba mal alimentada. Para dar voz a sus quejas, los trabajadores fundaron en 1908 el Sindicato Irlandés de Trabajadores del Transporte y de la Industria (ITGWU). Su líder era James Larkin (1876-1947), y organizó a los estibadores de Belfast en una fuerza disciplinada y no sectaria capaz de organizar huelgas contra las grandes empresas. Pero a Larkin no le interesaban los intereses nacionales de Irlanda; solo le importaban los derechos de los trabajadores. Utilizó todos los medios necesarios para lograr sus objetivos, incluida la violencia. Pero la huelga de Belfast fracasó porque, a pesar del esfuerzo de Larkin por unir a los trabajadores, estos estaban profundamente divididos por la religión. El odio entre protestantes y católicos estaba muy arraigado en Irlanda, y la unidad de las dos facciones religiosas resultó una vez más imposible de mantener.

Cuando los liberales, bajo el liderazgo de Herbert Asquith (1852-1928), lograron una victoria en 1910, surgió una nueva perspectiva de violencia sectaria. Liberales y conservadores estaban representados y obtenían los mismos votos, y solo se podía formar un gobierno liberal con el apoyo del Partido Parlamentario Irlandés. El nuevo gobierno presentó un tercer proyecto de ley de autonomía en 1912, en el que se pedía la fundación de un Parlamento irlandés bicameral en Dublín, con poderes para legislar todos los asuntos internos. El gobierno británico seguiría teniendo el control de la policía, pero solo durante seis años. También sería responsable de la defensa de Irlanda, la política exterior, las cuestiones religiosas y los derechos de aduana. A su vez, el Parlamento de Londres tendría que admitir cuarenta y dos diputados irlandeses, frente a los 103 anteriores. Este proyecto de ley parecía que iba a ser aprobado, y los unionistas trataron de conseguir un estatus especial para el Ulster, donde representaban la mayoría. Antes, en 1905, habían fundado el Partido Unionista del Ulster como respuesta a la autonomía. En junio de 1912, se añadieron enmiendas al proyecto de ley para excluir las provincias de Armagh, Antrim, Down y Londonderry. Los unionistas irlandeses aprobaron este cambio en el proyecto de ley, pero las enmiendas fracasaron en la Cámara de los Comunes.

Las negociaciones continuaron, pero fueron más difíciles porque, en el Ulster, el ambiente se estaba volviendo inquieto. El 28 de septiembre, los unionistas organizaron un acto en el que tres cuartas partes de los ciudadanos del Ulster firmaron un compromiso de oposición a la Autonomía. También se comprometieron a que, si se elegía un gobierno Home Rule, rechazarían su reconocimiento. En enero de 1913, los unionistas crearon la Fuerza de Voluntarios del Ulster para respaldar sus palabras. Los miembros de la Orden de Orange se unieron en masa, y pronto la fuerza contaba con más de 10.000 hombres bien entrenados, listos para resistir. En abril de 1914, la Fuerza de Voluntarios del Ulster importó ilegalmente miles de rifles y millones de cartuchos para armarse. Estaban preparados para establecer un régimen alternativo si era necesario bajo el liderazgo de Sir Edward Carson (1854-1935), jefe del Partido Unionista del Ulster.

En respuesta a la Fuerza de Voluntarios del Ulster, los nacionalistas organizaron su propia fuerza, los Voluntarios (Nacionales) irlandeses, el 25 de noviembre de 1913. Solo tardaron unos meses en reclutar hasta 75.000 miembros. Tenían el doble de miembros que la contraparte del Ulster, pero carecían de armas y entrenamiento. Al mismo tiempo, estalló la huelga laboral, que no hizo más que aumentar las tensiones ya existentes en Irlanda. En agosto de 1913, William Martin Murphy (1844-1919), jefe de la Federación Patronal, despidió a unos cuarenta miembros de la ITGWU. También planeó encerrar a los trabajadores que se negaron a comprometerse a no afiliarse al sindicato. En agosto y septiembre, los trabajadores de los tranvías se declararon en huelga, impidiendo que los trabajadores llegaran a las fábricas, los almacenes y los astilleros. Había comenzado la mayor y más intensa batalla industrial de Irlanda, que incluyó disturbios, concentraciones, detenciones y encarcelamientos, e incluso muertes. Se creó un ejército de ciudadanos para proteger a los trabajadores en huelga, y se mantuvo en uso hasta que la agitación disminuyó en enero de 1914.

Las mujeres se unieron para apoyar a sus homólogos masculinos, y fundaron el Sindicato de Trabajadoras Irlandesas (IWWU), un grupo dentro del ITGWU. Este grupo fue fundado por la hermana de James Larkin, Delia Larkin (1878-1949). Aunque empezaron abriendo comedores sociales para los huelguistas, pronto añadieron sus propias voces a la lucha. También se unieron a las mujeres británicas y estadounidenses en su lucha por el derecho al voto. Isabella Tod (1836-96), periodista de Belfast, formó la primera sociedad para promover el sufragio femenino ya en 1871. Delia Larkin representó a las mujeres trabajadoras dentro de la sociedad, en contraste con movimientos similares en Gran Bretaña y EE.UU., liderados por mujeres de clase media y alta. En 1912, Hannah Sheehy Skeffington (1877-1946) fundó la Liga Irlandesa del Sufragio Femenino, una organización responsable de muchas grandes concentraciones de mujeres. Skeffington fue incluso detenida por las acciones destructivas que llevó a cabo durante una de esas concentraciones organizadas en junio de 1912. Las mujeres de Irlanda y sus movimientos sufragistas apoyaron la independencia de Irlanda y respaldaron al Sinn Féin.

El tercer proyecto de ley de autonomía se presentó tres veces al Parlamento en el verano de 1914. El 25 de mayo, la Cámara de los Comunes aprobó el proyecto de ley, pero la Cámara de los Lores y el Partido Unionista del Ulster intentaron activamente excluir al Ulster de las disposiciones de la Autonomía. El Primer Ministro Asquith buscó un compromiso y permitió la exclusión "temporal" del Ulster y sus seis condados por un periodo indeterminado. Pero la Cámara de los Lores rechazó el proyecto de ley por tercera vez. La Ley del Parlamento de 1911 establece que el veto de la Cámara de los Lores será anulado si se deniega un proyecto de ley aprobado por la Cámara de los Comunes en tres sesiones a lo largo de dos años. El proyecto de ley de Autonomía fue enviado para su aprobación real.

Mientras tanto, a la espera de la aprobación real, Irlanda se erizó de tensión. La primavera y el verano de 1914 llevaron estas tensiones a un punto culminante, y ambos bandos del conflicto se preparaban para la guerra. Cuando empezaron los rumores de que el ejército británico estacionado en el condado de Kildare se utilizaría para presionar a la población para que aceptara la Home Rule, cincuenta y siete de los setenta oficiales presentaron su dimisión. Por otra parte, Alemania envió un barco cargado de armamento para ayudar a los voluntarios irlandeses. El ejército británico intentó impedir el desembarco del barco, pero fracasó, y los Voluntarios recibieron armas. En agosto llegaron más armas, y la competencia entre nacionalistas y unionistas era tan tensa que todos pensaban que una guerra civil era inminente.

La rebelión durante la Guerra Mundial

El rey Jorge V (r. 1910-1935) firmó la Ley del Gobierno de Irlanda el 18 de septiembre de 1914. Para celebrar el acontecimiento, los nacionalistas irlandeses encendieron hogueras por todas las cumbres y montañas del país. Pero su alegría se vio truncada cuando la Cámara de los Comunes votó al mismo tiempo la suspensión de la ley durante un año porque una guerra europea exigía su atención inmediata. Se esperaba que la guerra fuera corta y se ganara fácilmente y que el Parlamento pudiera hacer pronto su trabajo habitual. Sin embargo, la guerra resultó ser mucho más larga y pasó de ser una guerra europea a una guerra mundial. El 4 de agosto de 1914, Gran Bretaña declaró la guerra a Alemania en protesta por la invasión del ejército alemán en Bélgica. Toda Gran Bretaña tuvo que prepararse para una guerra que exigía la atención urgente del Parlamento y del público. La amenaza de esta guerra era mucho mayor que la que se estaba gestando en Irlanda. Tanto nacionalistas como unionistas respondieron a la llamada para unirse al ejército de Gran Bretaña. sLos Voluntarios Irlandeses se ofrecieron para la defensa del país, pero en septiembre todos recibieron la llamada para alistarse en el servicio. Los Voluntarios Irlandeses pronto fueron conocidos como los Voluntarios Nacionales, pero nunca olvidaron su objetivo principal: el autogobierno de Irlanda. De hecho, los Voluntarios esperaban poder utilizar esta guerra para demostrar la aptitud de los nacionalistas para el autogobierno y ganarse la confianza de sus enemigos, los unionistas.

Los unionistas se unieron al esfuerzo bélico una vez que consiguieron la suspensión de la Home Rule. Los oficiales de la Fuerza de Voluntarios del Ulster crearon la 36ª División del Ulster. En general, unos 200.000 hombres, tanto católicos como protestantes, se alistaron en el ejército británico. Entre ellos había muchos expatriados en Gran Bretaña y Estados Unidos. Unidos por una causa común, los hombres irlandeses compartieron el sufrimiento de la Gran Guerra. En la batalla del Somme, el 1 de julio de 1916, la División del Ulster fue despedazada, todos ellos masacrados por las ametralladoras alemanas.

La guerra trajo consigo un inesperado trastorno económico a Irlanda. Con tantos hombres partiendo a la guerra, las cifras de desempleo disminuyeron, y los que se quedaron disfrutaron de una prosperidad considerable. Los agricultores fueron los que mejor lo hicieron, ya que producían los alimentos para alimentar al ejército, y la demanda de sus productos no hizo más que aumentar. La competencia extranjera del mercado británico se cortó, y la producción nacional aumentó. Los precios subieron, incluso se duplicaron entre 1914 y 1918, y los productores se enriquecieron. La inflación de los precios facilitó el acceso al crédito agrícola. Los pequeños agricultores pudieron ahora comprar maquinaria agrícola, y se unieron a las cooperativas en gran número.

Un pequeño número de republicanos dedicados vio la guerra como una excusa para lanzar una resistencia armada. Razonaron que si Gran Bretaña estaba en apuros, Irlanda podría triunfar. La guerra distrajo a muchas de las fuerzas británicas y al gobierno británico, lo que permitió a los republicanos dar un golpe decisivo. En septiembre de 1914, el consejo de la Hermandad Republicana Irlandesa se reunió y convenció al comité provincial de los Voluntarios Irlandeses para que abandonaran su liderazgo y se unieran a la insurrección. El Clan na Gael estadounidense estaba dispuesto a financiar el levantamiento. Roger Casement (1864-1916), cónsul británico y nacionalista irlandés, viajó a Alemania para conseguir su ayuda en la insurrección irlandesa. El plan consistía en tomar a los irlandeses entre los prisioneros de guerra británicos y organizarlos en una brigada que sería llevada a Irlanda junto con el cargamento de armas.

Pero los planificadores de la insurrección olvidaron tener en cuenta un factor: no se aseguraron el apoyo de la población. El público en general estaba en contra de la rebelión porque la tensión de la Gran Guerra les ocupaba. El reclutamiento masivo de personas para el esfuerzo bélico hizo que el IRB perdiera sus miembros, y el Sinn Féin y la Liga Gaélica cayeron en la inactividad cuando empezó la guerra. Los activistas republicanos eran una minoría, impulsados por el fanatismo y la frustración contenida. La opinión pública les era en gran medida hostil. En el mejor de los casos, era indiferente, pero nadie en Irlanda los apoyaba abiertamente. Otro hecho que los republicanos no tuvieron en cuenta fue que, aunque el gobierno estaba distraído, la guerra le daba acceso a un ejército masivo que podía utilizarse para sofocar cualquier resistencia. Y el gobierno era consciente de la conspiración que se estaba gestando en Irlanda. La respuesta inicial del gobierno fue cerrar varias organizaciones republicanas y cancelar sus periódicos, que utilizaban para el reclutamiento. Los funcionarios del castillo de Dublín no hicieron nada más para detener la revuelta que se avecinaba porque pensaron que no era necesario actuar más. Se esperaba la autonomía, y la administración creada antes de la guerra solo funcionaba como una solución temporal. Cuando se hundió el cargamento de armas alemán en abril de 1916, el gobierno se relajó aún más y planeó pasar las vacaciones de Semana Santa en un ambiente pacífico.

Los conspiradores estaban desanimados, pero fue su propia desmoralización la que les llevó a lanzar un ataque antes de lo previsto. Habían gastado tiempo y recursos en conspirar, y ya era demasiado tarde para dar marcha atrás. El Consejo Militar del IRB pensó que si el levantamiento fracasaba, al menos produciría varios mártires y despertaría el espíritu patriótico en el pueblo que aún soñaba con la República Irlandesa. Crear mártires era ahora su objetivo, y con eso en mente, decidieron no atacar posiciones gubernamentales clave como el Castillo de Dublín o el Trinity College. En cambio se reunieron en el centro de la ciudad, donde podían llamar la atención al máximo, apoderándose de propiedades y quitando vidas humanas si era necesario.

El levantamiento comenzó el lunes de Pascua por la mañana, el 24 de abril, y se recuerda en la historia como el Alzamiento de Pascua. Los habitantes de Dublín fueron despertados por el fuego de las ametralladoras. Los Voluntarios Irlandeses y los ejércitos de Ciudadanos Irlandeses, que sumaban 1.600 hombres, establecieron su cuartel general en el edificio de la Oficina General de Correos, en pleno centro del distrito comercial. Patrick Pearse, profesor y uno de los líderes del levantamiento, leyó la "Proclamación de la República Irlandesa" desde las escaleras de la Oficina de Correos. Pequeñas fuerzas tomaron otras oficinas, edificios, parques, puentes y fábricas, con la intención de crear puntos de defensa en ellos. Mujeres jóvenes, miembros del grupo republicano radical Cumann na mBan, actuaron como mensajeras y correos de los rebeldes. Constance Markievicz, la fundadora de esta organización de mujeres, sirvió como segunda al mando en la guarnición de los rebeldes en St. Stephen's Green, un parque público en el centro de Dublín.

El levantamiento duró seis días, y el gobierno respondió inmediatamente con la ley marcial y el envío de tropas defensivas desde Gran Bretaña. Siguieron seis días de muerte y devastación, ya que los intensos bombardeos redujeron uno a uno los bastiones de los rebeldes. El último bastión en caer fue el de Boland's Mill, donde el comandante en jefe, Patrick Pearse, se rindió el 29 de abril. Los rebeldes solo sufrieron sesenta y cuatro bajas, mientras que el ejército británico tuvo 132. Pero los civiles fueron los que salieron peor parados, con más de 318 muertos y 2.217 heridos. Además, tuvieron que soportar el saqueo generalizado y la destrucción de sus propiedades. El público respondió con ira, y los ciudadanos lanzaron tomates a los rebeldes derrotados mientras eran conducidos a la ejecución. Hasta quince cabecillas, incluido Pearse, fueron ejecutados rápidamente por un pelotón de fusilamiento. La ley marcial otorgaba al ejército británico el derecho a actuar sin poder limitado, y una insurrección como esta en tiempos de guerra significaba una traición. Sin embargo, el ejército fue demasiado lejos al detener a varios miles de irlandeses que no tenían ninguna relación con la rebelión solo por sus convicciones políticas. Irónicamente, la respuesta del gobierno logró lo que los rebeldes no habían conseguido, y la opinión pública se volvió contra ellos. Todos los esfuerzos por provocar la reconciliación anglo-irlandesa a través de la campaña de Home Rule y la causa común de la Gran Guerra desaparecieron, y la hostilidad hacia el gobierno se reavivó en los irlandeses.

El Primer Ministro Asquith se dio cuenta de que el gobierno había ido demasiado lejos, y retiró al ejército, deteniendo más ejecuciones y encarcelamientos. Liberó a los que habían sido arrestados injustamente y relajó la ley marcial. Pero ya era demasiado tarde: el pueblo sentía una oleada de nacionalismo, independientemente de sus opiniones políticas. La revolución seguía siendo una amenaza constante, y el nuevo gobierno, bajo el liderazgo del liberal David Lloyd George (1863-1945), se apresuró a asegurar el acuerdo de autonomía con la exclusión de seis condados del Ulster solo mientras durara la guerra. Los unionistas desaprobaron este acuerdo, y este se vino abajo. El resultado fue el fin del Partido Parlamentario Irlandés, ya que sus líderes tomaron caminos distintos para perseguir sus objetivos. Aunque el gobierno renunció a sus esfuerzos por resolver la cuestión de Irlanda mientras la guerra continuaba, los republicanos no lanzaron otra rebelión. Se dieron cuenta de que fracasaría una y otra vez y que la mejor táctica era trabajar en una campaña que cambiara la opinión pública y se ganara su apoyo.

Estado libre de Irlanda

Al final de la guerra, el partido Sinn Féin se activó de nuevo y se esforzó por reclutar al mayor número posible de personas para la causa republicana. El partido optó por no recurrir a las armas para impulsar su programa, sino por utilizar las elecciones para ganar la mayoría e impulsar el llamamiento republicano. En octubre de 1917, Eamon de Valera fue elegido presidente del Sinn Féin, mientras que Arthur Griffith fue su vicepresidente. Al mismo tiempo, el partido anunció que su principal objetivo era que Irlanda fuera reconocida como una república independiente. Mientras el Sinn Féin reclutaba gente y trabajaba en sus planes políticos, el IRB pasaba por la reconstrucción. Todos sus miembros militares fueron ejecutados tras la Rebelión de Pascua, pero surgió un nuevo líder: Michael Collins (1890-1922), un antiguo empleado de Londres. Collins también desempeñó un papel crucial en los Voluntarios Irlandeses, que se reorganizaron en octubre de 1917. Los Voluntarios siguieron siendo una defensa nacional, listos para levantarse si se les llamaba. Desfilaron, se ejercitaron y agitaron pequeñas insurrecciones locales, pero cuidando de no atacar nunca a los soldados ni a la policía. La perspectiva de otra rebelión surgió cuando el Primer Ministro Lloyd George, ante la renovada amenaza alemana, se apresuró a aprobar la ley de reclutamiento en Irlanda. Los diputados de la Home Rule protestaron y se retiraron del Parlamento, y el Sinn Féin organizó manifestaciones. El 21 de abril, miles de personas firmaron un "compromiso solemne del consejo" para oponerse al reclutamiento, y al día siguiente los trabajadores se pusieron en huelga. En mayo, los líderes del Sinn Féin fueron detenidos y acusados de conspirar con Alemania. Pero la opinión pública fue reconocida y, en lugar de la conscripción, se introdujo un plan de cuotas para el alistamiento voluntario. La cuestión perdió peso cuando, el 11 de noviembre, se firmó el armisticio en Francia.

La resistencia absoluta del Sinn Féin a la conscripción dio popularidad al partido. Su presencia se extendió a lugares donde antes no tenía representación. En las elecciones generales de 1918, el Sinn Féin obtuvo una amplia victoria y se hizo con 73 de los 106 escaños. Los nacionalistas constitucionales de la Home Rule fueron totalmente destruidos. Los representantes del Sinn Féin eran en su mayoría jóvenes católicos de clase media, e incluso contaban con varias mujeres entre ellos, como Constance Markievicz. El apoyo a este partido estaba tan extendido que, en las elecciones de 1920, se hicieron con 172 escaños de los 206 puestos del consejo del condado y de la ciudad. Pero los miembros del Sinn Féin se comprometieron a no ocupar escaños parlamentarios en Westminster; en su lugar, el parlamento del partido se reunió en la Mansion House de Dublín, donde se proclamaron el primer Dáil Éireann —el Parlamento de Irlanda— y declararon la independencia de Gran Bretaña. El primer presidente en funciones del Dáil Éireann fue Cathal Brugha (1874-1922), pero fue sustituido rápidamente por Eamon de Valera, que empezó a dominar la vida política de Irlanda. El primer objetivo del parlamento independiente era conseguir apoyo extranjero, y de Valera realizó una gira por Estados Unidos durante dieciocho meses. Se refirió a sí mismo como el presidente de la República Irlandesa, y consiguió recaudar millones de dólares estadounidenses en apoyo de la independencia de Irlanda. Su causa fue aceptada con entusiasmo en

Estados Unidos porque su nuevo presidente, Woodrow Wilson (1856-1923), popularizó la premisa de que los pueblos libres debían tener derecho a gobernarse a sí mismos.

Pero Michael Collins, del IRB, tenía la misma popularidad que de Valera. Llegó a ser ministro de finanzas y presidente del Consejo Supremo del IRB en 1919. Era un enemigo potencial de De Valera, y esta rivalidad no hizo más que resaltar la desunión de la autoridad en Irlanda. El Dáil aprovechó los años 1919 y 1920 para crear nuevas instituciones gubernamentales, y puso en funciones a ministros que reflejaban los del gobierno oficial. La condesa Markievicz se convirtió en la primera mujer en ocupar un cargo en Europa Occidental al ser nombrada ministra de Trabajo.

Los protestantes volvieron a las hostilidades que habían albergado hacia los nacionalistas irlandeses durante la preguerra. Sin embargo, las opiniones de los unionistas cambiaron, y ahora abogaban por la partición del país. Temían que si Irlanda obtenía su independencia, se convertirían en una minoría gobernada por Dublín. Sus intereses religiosos, económicos y sociales nunca estarían igualmente representados. Pero muchos protestantes del sur de la isla estaban acostumbrados a ser una minoría. Solo representaban una décima parte de la población y trabajaban por la reconciliación con los católicos. Querían vivir en una Irlanda unida y autogobernada que tuviera total libertad en los asuntos internos, pero que dejara los asuntos exteriores en manos de Londres. En el norte, las Fuerzas Voluntarias del Ulster se reactivaron en 1920, decididas a defender su territorio, dominado por los protestantes. La minoría católica entre ellos protestó pero no pudo hacer nada.

Además de la división sectaria del país, las fuerzas laborales volvieron a la huelga. La posguerra trajo consigo un aumento del desempleo y de las dificultades económicas. En 1920, la ITGWU contaba con más de 100.000 afiliados, entre trabajadores calificados y no calificados, y las actividades huelguísticas se extendían por todo el país. En el campo, la situación era similar. Los precios agrícolas empezaron a bajar porque el mercado se había abierto de nuevo. A finales de 1920, la tasa de desempleo era más alta que en la época anterior a la guerra, y los salarios disminuyeron. Los dispersos consejos locales de trabajadores comenzaron a asumir la gestión de sus industrias. Pero fuera del Ulster, las huelgas obreras eran localizadas y pequeñas y no lograban generar una amenaza significativa. Los republicanos empezaron a estrechar lazos con el Partido Laborista Irlandés, fundado en 1912, vinculando las reivindicaciones obreras a la causa nacional. A mediados de abril de 1920, se organizó un paro general de trabajadores en solidaridad con los republicanos, que se declararon en huelga de hambre. Todo este malestar en el norte provocó otra división sectaria. La Asociación Laboral de Unionistas del Ulster (fundada en 1918) expulsó a los trabajadores católicos de las fábricas y los astilleros. De julio a septiembre, Belfast fue escenario de numerosos disturbios, que causaron más de treinta muertos.

Resuelto a poner fin a la escalada militar en Irlanda provocada por los nacionalistas y los unionistas, el gobierno presentó un nuevo proyecto de ley al Parlamento en el que se pedía la creación de dos parlamentos separados en Irlanda: uno en Dublín y otro en Belfast. El Consejo Unionista del Ulster aceptó este compromiso, y el 23 de diciembre de 1912 el proyecto se convirtió en ley como Ley del Gobierno de Irlanda. La autoridad ejecutiva seguía en manos de la Corona, y su ejecutor sería el lord teniente, como antes. Un Consejo de Irlanda coordinaría las cuestiones que interesaban a ambos parlamentos. Los miembros del consejo serían votados por ambos parlamentos, y se esperaba que este consejo se convirtiera, en cincuenta años, en un único Parlamento de Irlanda. Tanto Irlanda del Norte como del Sur seguirían enviando diputados a Westminster.

Pero entre febrero y diciembre de 1920, los meses en los que toda Irlanda esperó a que el proyecto de ley fuera aprobado o rechazado, el país fue un caos. El gobierno continuó negociando tanto con los nacionalistas como con los unionistas como si el proyecto de ley aún estuviera abierto a la discusión. Esto creaba tensiones, ya que cada parte seguía impulsando su propia agenda. La administración en el Castillo de Dublín siguió funcionando como si la autonomía fuera a ser el régimen dominante. El Dáil llevó a cabo sus asuntos como un gobierno en pleno funcionamiento. Sus aliados, los Voluntarios Irlandeses, llevaron a cabo una serie de incendios, redadas, intimidaciones y operaciones de ostracismo para intimidar a la población a aceptar el Dáil como única solución de gobierno. Los Voluntarios Irlandeses se convirtieron en el Ejército Republicano Irlandés (Irish Republican Army, IRA), el ejército oficial de la república que se esforzó por aplicar una estrategia nacional de importación de armas. El 7 de septiembre, el IRA atacó abiertamente al ejército británico en Fermoy, condado de Cork, dando inicio a la guerra por la independencia. Varios días después, la administración británica declaró que el Dáil Éireann era una asamblea ilegal. El gobierno británico inició una campaña de duras represiones, pero solo consiguió que los republicanos se juntasen para evitar las detenciones. Siguieron librando batallas de guerrilla en las que golpeaban con fuerza de repente y desaparecían rápidamente. Pero las autoridades británicas estaban preparadas para responder al desafío, y sus fuerzas armadas obligaron a los republicanos a cambiar sus tácticas por ataques a pequeña escala.

Como de Valera estuvo ausente durante gran parte del tiempo, Collins asumió el liderazgo de las fuerzas armadas de la resistencia. El IRB incluía entre sus miembros a algunos de los principales líderes del IRA, lo que le permitió ganarse un estatus de leyenda por sus esfuerzos para organizar tácticas de guerrilla y espionaje contra el gobierno británico. Estaba en la lista británica de los hombres más buscados. El ejército británico y la Royal Irish Constabulary (RIC, Real Policía Irlandesa) organizaron brutales y horribles represiones contra el IRA y la población general de

Irlanda. Todos ellos eran veteranos de la Primera Guerra Mundial y se mostraron implacables en la guerra contra las insurrecciones irlandesas. Los asaltos y las emboscadas eran habituales en toda la isla, y las autoridades locales a menudo se veían obligadas a elegir un bando. La guerra culminó el 21 de noviembre de 1920, cuando el IRA ejecutó a catorce personas sospechosas de espionaje para el gobierno británico. El regimiento del gobierno británico, conocido como los "Negro y Caqui" por los colores de su uniforme, abrió fuego durante un partido de fútbol en Dublín, matando a doce espectadores. Muchos más murieron en la estampida que siguió, y el día se recuerda en la historia de Irlanda como el "Domingo Sangriento". En represalia, el IRA mató a dieciocho patrullas de las fuerzas auxiliares. En el Ulster, los católicos vivían con un miedo perpetuo a los policías protestantes conocidos como los "Especiales B", una división perteneciente a la Policía Especial del Ulster. La ley marcial se impuso en diciembre de 1920, pero la policía, el IRA y el ejército continuaron su guerra. También empezaron a inmiscuirse en la vida de los civiles, y ya nadie se sentía seguro. La Guerra de la Independencia Irlandesa provocó la ira del público de Irlanda, Gran Bretaña y Estados Unidos. Se organizaron muchas protestas por la guerra, y se fundó un grupo llamado Consejo de la Paz para colaborar estrechamente con los políticos británicos para detener la violencia. Las hostilidades se suspendieron el 9 de julio de 1921, debido al estancamiento militar y a las constantes protestas bélicas. Los representantes del IRA y del ejército británico firmaron finalmente una tregua.

La Ley del Gobierno de Irlanda de 1920 ordenó la celebración de elecciones parlamentarias en el norte y el sur de Irlanda en medio de los disturbios. En virtud de esta ley, los condados de Antrim, Armagh, Down, Fermanagh, Londonderry y Tyrone, así como los distritos de Belfast y Londonderry, definían a Irlanda del Norte. Las elecciones se celebraron el 21 de mayo de 1921 y los unionistas ganaron. El norte resultó ser un estado unipartidista unionista. La Cámara de los Comunes de Irlanda del Norte se reunió el 7 de junio, y el Primer Ministro James Craig (1871-1940) fue nombrado miembro del gabinete. En Irlanda del Sur, el Sinn Féin se presentó sin oposición y obtuvo 120 de los 124 escaños. Pero los miembros del Sinn Féin boicotearon la apertura del parlamento del sur porque eran partidarios del Dáil, que fue proclamado ilegal. El resultado fue la suspensión del Parlamento. La Ley del Gobierno de Irlanda preveía este resultado y estipulaba que si el parlamento del sur no se reunía hasta el 12 de julio, el país se convertiría en colonia de la Corona y se instauraría la ley marcial. Los diputados del Sinn Féin elegidos para el Parlamento del sur se reunieron en la Mansion House con los cuatro no pertenecientes al Sinn Féin, y juntos formaron el segundo Dáil Éireann. Eligieron a De Valera como presidente. La matanza había cesado ya, y el Dáil supervisó la reconstrucción de las instituciones gubernamentales.

El primer ministro Lloyd George no quería un gobierno colonial bajo la ley marcial en Irlanda, y anunció que estaba abierto a escuchar todas las opciones para el acuerdo político en Irlanda. Se reunió con de Valera el 14 de julio y, dos meses después, organizaron una conferencia en Londres que debía reunir a los representantes de Gran Bretaña e Irlanda para discutir la solución. Pero los delegados de Irlanda del Norte rechazan la invitación. Los negociadores irlandeses estaban dirigidos por Arthur Griffith y Michael Collins, y consiguieron obtener considerables concesiones para su gobierno. El Dáil tenía ahora oficialmente poder sobre los impuestos, los aranceles y la defensa nacional y civil. Pero las bases navales irlandesas iban a seguir en manos de Gran Bretaña. El proyecto de tratado se firmó en Londres el 6 de diciembre de 1921, y el resultado fue la creación de Saorstát Éireann, el Estado Libre de Irlanda. No era una república, sino una monarquía constitucional con un parlamento de dos cámaras con poder sobre los asuntos internos y externos independientes. El monarca británico seguía teniendo poderes ejecutivos y estaba representado en Dublín por un gobernador general. Todos los miembros del parlamento debían jurar lealtad tanto al monarca como al Estado Libre.

Pero de Valera y varios ministros se opusieron a prestar un juramento de lealtad a Gran Bretaña, aunque fuera mediante un juramento simbólico al rey. Siguieron diez días de vigorosos debates, y el Tratado Anglo-Irlandés se aprobó finalmente el 7 de enero de 1922. Pero la votación fue estrecha —sesenta y cuatro contra cincuenta y siete— y el tratado debía ser ratificado por el Parlamento irlandés elegido anteriormente, ya que el gobierno británico seguía negándose a reconocer el Dáil Éireann. El Parlamento de Irlanda del Sur se reunió finalmente el 14 de enero, aprobó el tratado y eligió un gobierno provisional que redactaría una constitución. Michael Collins fue elegido presidente del gobierno provisional y recibió las llaves del Castillo de Dublín de manos del último lord teniente de Irlanda, Edward Fitzalan-Howard, el 16 de enero. El traspaso de poder simbólico sirvió para que la gente se diera cuenta de que el cambio político por fin se había producido.

No se llegó a crear una república independiente para toda Irlanda, pero tampoco fue un gobierno constitucional de toda la isla bajo Gran Bretaña. La solución de compromiso de los dos parlamentos, uno en el norte y otro en el sur, era lo mejor que se podía esperar en la turbulenta política de Irlanda. Pero precisamente porque era un compromiso, muchos quedaron decepcionados. No había posibilidad de alcanzar un acuerdo que satisficiera a todos los partidos políticos, grupos religiosos o sindicatos de trabajadores. Irlanda estaba profundamente dividida, y el pueblo se identificaba con las injusticias que se le imponían. La creación de dos Irlandas no consiguió curar todas las heridas, y continuó una turbulenta vida política y pública. La llamada a las armas que toda Irlanda escuchó en un momento dado, durante los 700 años de lucha por la supremacía política, puede oírse aún hoy.

Capítulo 9 - La creación de la Irlanda moderna

Un retrato fotográfico de Eamon de Valera
https://en.wikipedia.org/wiki/%C3%89amon_de_Valera#/media/File
:%C3%89amon_de_Valera.jpg

El compromiso que supuso el Tratado Anglo-Irlandés fue diseñado para dar a todos los partidos políticos un poco de lo que querían, pero no todo por lo que luchaban. En el norte, los protestantes eran mayoría en sus seis condados, y su economía dependía en gran medida de la industria. El sur era un marcado contraste con el norte. Aquí, los católicos eran mayoría y basaban su economía en la agricultura y la vida rural. Los norteños eran muy militantes en la defensa de su identidad. Los sureños ganaron mucho más de lo que la Home Rule les había prometido. Se convirtieron en un dominio dentro del Imperio británico, pero en un estado libre capaz de gobernarse a sí mismo. Pero esto no era suficiente para los republicanos, que pretendían romper todos los lazos que Irlanda tenía con Gran Bretaña. Iniciaron otra guerra civil, pero finalmente no consiguieron la independencia.

El Estado Libre Irlandés finalmente se conformó y reconoció las dos Irlandas, aunque mantuvo su retórica en contra. Los republicanos que habían perdido la guerra civil cambiaron su táctica y entraron en política para asegurar la existencia de su nación. Eamon de Valera fundó un nuevo partido político, Fianna Fáil, que se mantuvo en el poder entre los años 30 y 60. La constitución que promulgaron logró una gobernabilidad sin obstáculos por sus vínculos con Inglaterra. Pero este no fue el fin de las luchas. El partido de De Valera mantenía una visión tradicional y conservadora de la herencia católica irlandesa, y promovía la vida rural como una dirección a seguir. Sin embargo, con la rápida industrialización del mundo y la consiguiente economía, la atrasada Irlanda no pudo seguir el ritmo. Irlanda se estancó económicamente y empezó a perder gente de nuevo debido a la emigración.

Durante la Segunda Guerra Mundial, Irlanda permaneció neutral, y los habitantes del sur vieron cómo sus homólogos del norte se unían a la lucha y disfrutaban de la victoria en el bando de los Aliados. Los años de posguerra trajeron la prosperidad a Irlanda del Norte, pero el sur consiguió por fin hacer realidad su sueño: la aparición de la República de Irlanda. Pero el nuevo estatus de la república no significó gran cosa para la población, que siguió ahogada en la pobreza mientras el Estado luchaba por salir de los viejos problemas económicos. La nueva administración que asumió el poder durante la década de 1960 puso en marcha por fin una política más progresista que hizo avanzar al país. Una moderna sociedad de consumo empezó a apoderarse de toda la isla, y comenzó a debilitar el control de la Iglesia católica sobre la vida del pueblo irlandés. Toda la isla prosperó, excepto la pequeña minoría católica del norte, profundamente anclada en sus viejas costumbres. Al final, fueron confinados en un gueto, y los unionistas protestantes estaban decididos a mantenerlos allí. Pero la discordia entre las dos facciones no hizo más que crecer con el tiempo, y durante la década de 1960, finalmente estalló.

Continúan los disturbios

La partición de Irlanda convenía a la mayoría de la población. Los unionistas protestantes seguían vinculados al Imperio británico, pero tenían la libertad de controlar esos vínculos. El sur pudo finalmente gobernarse a sí mismo, y los católicos de allí pensaron que Irlanda del Norte no podría sostenerse por sí misma y pronto pediría unirse a su Estado Libre. La única parte completamente insatisfecha era un grupo de ciudadanos católicos del norte, la minoría que ahora estaba atrapada entre los protestantes. Eran nacionalistas y republicanos, y su objetivo final era la República de Irlanda, que incluiría los treinta y dos condados de la isla. El gobierno británico quería separar el norte dando a los unionistas el control de los nueve condados del Ulster. Pero los unionistas insistieron en que el número se redujera a seis, ya que estaban decididos a incluir solo los condados en los que los protestantes eran mayoría. De ese modo, podrían controlar a los católicos y mantenerlos en minoría. Los unionistas de Irlanda del Norte eligieron su Parlamento y, cuando se aprobó el Tratado Anglo-

Irlandés, ya tenían un gobierno plenamente operativo. El tratado estaba destinado a toda Irlanda, pero al norte se le dio la opción de elegir si quería ser incluido en el Estado Libre o excluirse. Los unionistas eligieron esta última opción el 7 de diciembre de 1922.

El Parlamento norirlandés estaba formado por un soberano, una Cámara de los Comunes y un Senado. El Senado tenía un modesto poder para modificar la legislación, y la facultad de aprobar las leyes sobre los principales asuntos internos estaba en manos de la Cámara de los Comunes. Pero el Parlamento norirlandés no tenía poder para inmiscuirse en asuntos exteriores, asuntos imperiales y decisiones militares. No podía hacer ninguna ley que promoviera la discriminación religiosa, y no podía cambiar ninguna ley aprobada por el estatuto vigente del Reino Unido. El gobernador de Irlanda del Norte tenía el poder de convocar y disolver el Parlamento y de dar o negar el asentimiento real a todos los proyectos de ley. Irlanda del Norte tenía que enviar trece diputados al Parlamento del Reino Unido en Londres.

El nuevo gobierno de Irlanda del Norte se organizó de forma que promoviera el dominio protestante. El Partido Unionista del Ulster (UUP) fue el instrumento político de control. El líder del partido, Sir Edward Carson, consideraba la partición como una derrota para los unionistas, que querían que toda Irlanda siguiera estrechamente relacionada con Gran Bretaña. Incluso se negó a aceptar el cargo de primer ministro. El liderazgo de Irlanda del Norte pasó a Sir James Craig (1871-1940), vizconde Craigavon. Los primeros años de existencia de Irlanda del Norte fueron muy turbulentos. Los disturbios y las luchas sectarias predominaban en todas sus partes, y Londonderry y Belfast fueron las que más sufrieron. En 1922 se perdieron unas 232 vidas, incluidas las de los diputados unionistas. Pero los católicos fueron los que más perdieron, ya que a menudo fueron atacados por los B-Specials. Su ejército, el IRA, fue proclamado ilegal el 23 de mayo de 1922, y constaba de un número muy reducido en el norte.

La vida política en Irlanda del Norte estaba completamente controlada por los protestantes. El gobierno dependía en parte del ejército británico para mantener el orden, pero también estableció una fuerza policial regular en mayo de 1922, la Royal Ulster Constabulary (RUC), sucesora de la Royal Irish Constabulary. Las cofradías sectarias, como la Orden de Orange, estaban muy vivas, y el gobierno se apoyó en estos leales protestantes para movilizar al pueblo en su apoyo. Los católicos facilitaron la existencia del gobierno protestante negándose a participar en las instituciones estatales. Un tercio de la fuerza policial era una cuota para los católicos, pero no se cubrió. El Partido Nacionalista, organizado a partir de los restos del antiguo Partido Parlamentario Irlandés en el Ulster, unió fuerzas con el Sinn Féin y se presentó a las elecciones parlamentarias de 1921. Pero el ambiente general de las elecciones estuvo lleno de violencia e intimidación. Los resultados fueron que los unionistas se hicieron con treinta y nueve de los cincuenta y dos escaños de la Cámara de los Comunes. El resto se dividió entre los nacionalistas, el Partido Laborista Irlandés y los independientes. Pero los nacionalistas, que creían que el gobierno siempre trabajaba en su contra, decidieron boicotear las sesiones parlamentarias hasta 1925. Esto facilitó que los unionistas redibujaran las circunscripciones de forma que obtuvieran el control total del Parlamento. Los católicos, generalmente miembros del Sinn Féin que formaban parte del consejo del condado y de otros órganos locales de gobierno, se negaron a reconocer la legitimidad de Irlanda del Norte. En 1922, el gobierno tomó medidas para expulsar a estas personas y suspender su pertenencia a los órganos de gobierno.

Con la creación de Irlanda del Norte, se puso en marcha un nuevo sistema educativo. Estaba completamente controlado y financiado por el gobierno, y las enseñanzas religiosas eran puramente voluntarias. Los protestantes estaban de acuerdo con este sistema, pero los católicos no querían permitir que la religión pasara a un segundo plano en la educación de sus hijos, y gestionaron sus propias escuelas, que no estaban totalmente financiadas por el gobierno, pero contaban con su apoyo. Los católicos solían quedarse solos y creaban su propio mundo insular. Esperaban secretamente que la partición de Irlanda fuera solo temporal, y sus esperanzas se vieron alentadas cuando, en 1922, las fronteras aún no estaban estrictamente decididas. El artículo 12 del Tratado Anglo-Irlandés preveía la creación de una comisión en la que estarían representadas tanto Irlanda del Norte como del Sur, así como el Reino Unido. Juntos debían definir las fronteras de acuerdo con los deseos de la opinión popular y siguiendo las condiciones políticas y geográficas naturales. Este artículo suscitó el temor de los unionistas, que pensaban que el territorio que controlaban se vería reducido por la comisión. La decisión sobre las fronteras se prolongó de nuevo cuando cayó el gobierno británico en 1923. Los unionistas tuvieron ahora tiempo de reunir fuerzas y oponerse a los deseos de la minoría católica, que esperaba que Tyrone y Fermanagh se reunieran con Irlanda del Sur.

La guerra civil en el sur, la formación del Estado Libre

La creación del Estado Libre de Irlanda dividió a los miembros del Sinn Féin entre los que apoyaban el Tratado Anglo-Irlandés y los que no. El principal problema del acuerdo era el juramento de fidelidad al monarca británico. Algunos miembros del partido pensaban que la aceptación de una monarquía constitucional daría a Irlanda suficiente poder de autogobierno para continuar su lucha por la independencia total. Pero sus oponentes querían la creación inmediata de una república porque muchos de sus compatriotas habían perdido la vida luchando por su realización. De Valera era el líder de los defensores del antitratado. Incluso renunció a su cargo de presidente del Dáil tras la ratificación del tratado. El nuevo presidente del Dáil fue Arthur Griffith, un líder proacuerdo. El Dáil siguió existiendo y reuniéndose, pero el gobierno provisional, bajo el liderazgo de Michael Collins, fue el que redactó la constitución.

Así, Griffith y Collins, los principales negociadores del tratado, eran los acérrimos opositores de De Valera.

El gobierno provisional no tenía control sobre el ejército, la policía o el sistema judicial. El país acababa de tomar forma, y la constitución se estaba redactando, pero la división dentro de su configuración política amenazaba con el colapso del Estado Libre antes de que tomara su forma definitiva. La mayoría de la gente votó a favor del acuerdo, pero el IRA se puso del lado de De Valera. Michael Collins se preocupó de redactar la nueva constitución de forma que atrajera a los que estaban en contra del acuerdo, pero el gobierno británico no quiso. Las terceras elecciones al Dáil Éireann se celebraron el 16 de junio de 1922, y los votantes aprobaron la posición del Parlamento a favor del tratado. Pero el bando perdedor optó por la violencia para conseguir sus objetivos. Las elecciones condujeron a una mayor división dentro del IRA y del Dáil. El "Viejo IRA" era un término utilizado para referirse a los veteranos que ahora se unían al ejército del Estado Libre y apoyaban al gobierno favorable al acuerdo. Los republicanos intransigentes eran el "Nuevo IRA" o los "Irregulares" y los "Ejecutivos". Denunciaron el tratado y el Dáil, diciendo que si aceptaban el acuerdo, traicionarían a la república. La anarquía militar y social parecía entonces una posibilidad, y la tensión entre las distintas facciones era palpable.

En abril de 1922, los Irregulares del IRA ocuparon el centro judicial de Dublín, desafiando la autoridad del gobierno provisional. Ocuparon los edificios de los Cuatro Tribunales (el Tribunal Supremo Irlandés) y exigieron que se les transfiriera el gobierno. El enfrentamiento entre ambos bandos duró dos meses, y ni el IRA ni el gobierno dieron marcha atrás. El 22 de junio, los irregulares del IRA asesinaron al mariscal de campo Henry Wilson, y el gobierno británico empezó a presionar al gobierno provisional irlandés para que tomara medidas. El 28 de junio, las fuerzas del ejército del Estado Libre atacaron el edificio de los Cuatro Tribunales, y el 30 de junio lo reconquistaron. Dublín se vio desgarrado por la violencia una vez más. Los activistas se organizaron rápidamente en ambos bandos, pero el grupo contrario al tratado consiguió reunir un amplio frente republicano. La guerra civil estalló en todo el país, y los combates fueron brutales y despiadados. El gobierno consiguió asegurar Dublín en dos semanas y detener a algunos de los líderes contrarios al acuerdo. A mediados del verano, el gobierno tenía en su poder las principales ciudades y pueblos, mientras que los irregulares hicieron de Munster su base de operaciones, en particular los condados de Kerry, Cork y Tipperary.

El gobierno solo tardó tres meses en derrotar a los republicanos en esos condados, pero no fue una derrota decisiva. Los republicanos cambiaron su táctica y pasaron a operar principalmente en el campo, lanzando ataques rápidos y planeando asesinatos. Los republicanos tenían que desestabilizar el país para combatirlo eficazmente, y proclamaron ilegales el gobierno provisional, la policía, el ejército y los tribunales del Estado Libre. Comenzaron a disparar a los miembros del Dáil, conocido como Teachta Dála (abreviado TD), a los jueces y a los funcionarios policiales y militares en el acto. Ni siquiera los periodistas se salvaron, ya que se les consideraba conspiradores del gobierno. El 22 de agosto de 1922, Michael Collins fue emboscado y asesinado en Béal na Bláth, en el condado de Cork. Este fue el golpe más duro para el gobierno provisional. Arthur Griffith había muerto diez días antes, y el Dáil se vio obligado a elegir un nuevo presidente como jefe del gobierno provisional. El 9 de septiembre, el nombramiento recayó en William T. Cosgrave (1880-1965), miembro del Sinn Féin y del Ayuntamiento de Dublín. Al año siguiente, en 1923, Cosgrave fundó su propio partido político en apoyo del acuerdo, Cumann na nGaedheal.

Tras el asesinato de Collins, el gobierno provisional decidió devolver el golpe a los republicanos, y el 22 de noviembre ejecutó a setenta y siete irregulares detenidos, sin darles la oportunidad de defenderse en los tribunales. Unos 12.000 más fueron encarcelados. Pero mientras luchaba contra los republicanos, el gobierno también se enfrentaba a las amenazas de otras facciones. El Sindicato de Agricultores había estado descontento por el recorte de la compra de tierras durante la inmediata posguerra, pero ahora estaban enfadados con los jornaleros rurales que les atacaban por los recortes salariales. Los obreros atacaron primero al sindicato de agricultores en Meath, pero el mayor enfrentamiento se produjo en Waterford, donde duró de 1921 a 1923. Otra amenaza provenía de los obreros industriales, cuyo número aumentó cuando el ejército regresó de la guerra. La fuerza del ITGWU en la política se reflejó cuando el Partido Laborista obtuvo el 21,4 por ciento de los votos emitidos en las elecciones de 1922, incluso más que las fuerzas antiacuerdo.

Tanto los republicanos como el gobierno eran nacionalistas antiobreros, de base rural y conservadora, y durante los disturbios laborales se utilizó a miembros del IRA como antidisturbios. Los agricultores ganaron los disturbios en Waterford en 1923 con el apoyo del ejército del Estado Libre. Para entonces, el gobierno pro-acuerdo había ganado la guerra civil contra los republicanos. Cuando el líder de la unidad militante republicana, Liam Lynch, fue fusilado el 10 de abril de 1923, los Irregulares se derrumbaron. El 24 de mayo, de Valera ordenó a sus seguidores que depusieran las armas y se rindieran. El fin de la guerra civil dejó al gobierno provisional y a sus partidarios la tarea de crear finalmente el Estado Libre de Irlanda a su imagen y semejanza.

El 25 de octubre de 1922, el gobierno aprobó el proyecto de ley que definía la constitución de los veintiséis condados que componían el Estado Libre Irlandés. En diciembre, el proyecto de ley fue aprobado por el Parlamento británico. La monarquía constitucional tomó forma, con un Parlamento de tres niveles (Oireachtas) compuesto por el monarca y una legislatura de dos cuerpos. El primer órgano legislativo era la cámara baja, la Cámara de Diputados (Dáil Éireann), que era el principal órgano legislativo. El segundo era la cámara alta, el Senado (Seanad Éireann). El Senado es un cuerpo de ancianos que asesora a la cámara baja, pero no tiene poderes para aprobar la legislación, solo para retrasarla. La cámara baja elegía a los miembros del Senado, excepto una cuarta parte de los miembros, que eran nombrados por el gobierno británico. La intención de la cámara alta era dar voz a la minoría protestante que permanecía en Irlanda del Sur y cuya participación en la política se consideraba esencial. Al fin y al cabo, permitir que los protestantes se incorporaran a la vida política de Irlanda del Sur daba crédito a la pretensión del Estado Libre Irlandés de gobernar toda la isla.

El rey tenía autoridad ejecutiva y estaba representado por un gobernador general. Su autoridad estaba representada en el Estado por un gabinete llamado Consejo Ejecutivo. Estaba presidido por el presidente del Consejo Ejecutivo. El sistema jurídico del Estado Libre de Irlanda se organizó en 1924, y seguía el modelo de Gran Bretaña. Incluía los tribunales de distrito y de circuito, el tribunal superior, el tribunal de apelación penal y el tribunal supremo. A diferencia de su homólogo del norte, Irlanda del Sur no contaba con la presencia de la policía y el ejército británicos. El 8 de agosto de 1923 se fundó la fuerza policial nacional, la Guardia Cívica, y en 1925 se incorporó a ella la Policía Metropolitana de Dublín. En 1928 se introdujo la libra del Estado Libre como moneda en sustitución de la libra esterlina, y al mismo tiempo se adoptaron los símbolos de soberanía, la bandera y el sello.

La constitución recién adoptada ordenaba la elección del nuevo parlamento en el plazo de un año desde la aprobación del documento. Las elecciones se celebraron en agosto de 1923, y Cumann na nGaedheal obtuvo el mayor número de escaños, sesenta y seis frente a los cuarenta y cuatro del Sinn Féin. Pero los miembros del Sinn Féin elegidos para el Parlamento seguían negándose a reconocer la legitimidad del Estado Libre, y se negaron a asistir a las sesiones parlamentarias durante casi una década. El país estaba dirigido por un solo partido, el Cumann na nGaedheal, que tenía el control de la primera construcción de la nación. Durante el resto de la década de 1920 y la de 1930, el nuevo gobierno trabajó para dotar al país de una identidad como estado exclusivamente irlandés. Esto significaba que la nueva nación debía distanciarse del Reino Unido en la medida de lo posible. Se pusieron en marcha esfuerzos para debilitar los lazos del gobierno irlandés con Londres y, en 1923, el Estado Libre se unió a la Sociedad de Naciones sin consultar al gobierno británico. Por supuesto, los británicos se opusieron porque, en su opinión, el Estado Libre era un dominio dentro del Reino Unido y no tenía derecho a tomar esa decisión por sí solo. A diferencia de cualquier otro dominio del Reino Unido, el Estado Libre de Irlanda siguió firmando tratados y enviando a sus embajadores a otras naciones. En 1927, el gobierno irlandés ganó la capacidad de aconsejar al rey a quién nombrar como gobernador general, y Gran Bretaña perdió oficialmente la capacidad de influir en los asuntos internos irlandeses.

La partición de Irlanda dejó al sur muy dependiente de la agricultura. Más de la mitad de su mano de obra trabajaba en granjas a mediados de la década de 1930. La economía del Estado Libre se resintió al luchar por mantenerse al día con el mundo moderno e industrializado. Durante la década de 1930, el gobierno aplicó una política de bajos impuestos y bajos gastos, la tendencia económica que había seguido desde la Gran Hambruna. Se vendieron tierras a los pequeños agricultores, mientras los medianos y grandes consolidaban las que ya poseían. Se pusieron en marcha programas de ayuda estatal para la compra de ganado y aves de corral, y en 1927 se fundó una nueva institución para la obtención de préstamos, la Corporación de Crédito Agrícola. Sin embargo, la producción agrícola irlandesa seguía siendo extremadamente baja para los estándares europeos de la época.

Tras años de agitación, de Valera decidió finalmente reconciliarse con el gobierno y volver a la vida política de Irlanda. Abandonó el liderazgo del Sinn Féin y creó un nuevo partido, Fianna Fáil (Soldados del Destino), en 1926. Pero su dirección política estaba fijada desde hacía tiempo, y el nuevo partido recibió el subtítulo de "Partido Republicano", lo que no dejaba lugar a dudas sobre los objetivos finales de De Valera. Sin embargo, abandonó sus anteriores métodos violentos para conseguir una república y trató de hacerlo ahora a través de la participación en el Parlamento. En las elecciones de 1927, su partido obtuvo cuarenta y cuatro escaños, mientras que el Cumann na nGaedheal obtuvo cuarenta y siete. La popularidad de De Valera iba en aumento, ya que contaba con la financiación de los irlandeses; además, abordaba algunas de las graves quejas de agricultores y trabajadores, como los bajos salarios, la emigración, las reivindicaciones de los pequeños agricultores y el desempleo. Con su participación parlamentaria, de Valera demostró ser un político democrático. En 1931, su partido ganó sus primeras elecciones y formó su propio gobierno. Por primera vez, los políticos contrarios al acuerdo tenían el control del gobierno del Estado Libre.

De Valera se convirtió en presidente del Consejo Ejecutivo y en ministro de Asuntos Exteriores, y utilizó el poder de sus cargos para cambiar las relaciones anglo-irlandesas. Manipuló el sistema para socavar el tratado, no aboliendo las formas parlamentarias, sino transformándolas. Primero desmanteló los símbolos y luego el fondo del estatuto de dominio. En 1933 suprimió el juramento de lealtad y en 1936 intentó abolir el cargo de gobernador general y romper completamente los lazos con la Corona. Sin embargo, se vio obligado a dar marcha atrás, ya que el sistema de gobierno de Gran Bretaña no reconocía la supresión de instituciones por decreto legislativo. Pero de Valera sacó adelante la Ley de Relaciones Exteriores, que reducía la participación del monarca en el gobierno irlandés. El rey pasó a ser solo un representante diplomático de Irlanda ante los países extranjeros.

El Estado Libre Irlandés se convirtió en una república en todo menos en el nombre cuando de Valera introdujo una nueva constitución en 1937. Fue aprobada por el Dáil el 14 de junio y por el público en un referéndum celebrado el 1 de julio de 1937. El nuevo nombre del país, declarado así por la constitución, era Éire (Irlanda). La nueva constitución preveía la elección de un primer ministro (Taoiseach), que sería el jefe del Estado, y un Parlamento nacional (Oireachtas). El Parlamento estaría compuesto por la Cámara Baja y la Cámara Alta como antes, pero ambas tendrían sus poderes reducidos. Para consolidar su poder, de Valera utilizó unidades del IRA para reunir a sus partidarios en todo el país. La oposición, Cumann na nGaedheal, seguía siendo dominante solo en Dublín. En la década de 1940, el Fianna Fáil dominaba la vida política de Irlanda y contaba con el apoyo de la mayoría de su población. Pero el IRA se convirtió en el responsable de algunos de los disturbios en el país y de varios asesinatos. Consciente de que estaba perdiendo el control de la organización militarizada, el gobierno declaró ilegal al IRA el 18 de junio de 1936.

Pero las amenazas al gobierno parlamentario no provenían del IRA. Venían de un grupo parlamentario de derechas organizado en 1933, la Guardia Nacional fascista. Una ideología que glorificaba la nación era muy atractiva para los irlandeses, que estaban orgullosos de su recién ganada independencia. La Guardia Nacional se fundó en 1933, y su líder era Eoin O'Duffy (1891-1944), que admiraba a los dictadores europeos Benito Mussolini y Adolf Hitler. La Guardia decía defender los valores cristianos y anticomunistas, y abogaba por la creación de un estado corporativo en el que el empleado y el empresario, apoyados por el gobierno, se harían cargo de la gestión de la industria nacional. La Guardia estaba dispuesta a utilizar la violencia para lograr sus objetivos. La organización fue declarada ilegal en agosto de 1933, y O'Duffy unió la Guardia Nacional con Cumann na nGaedheal para crear un nuevo partido político, el Partido de Irlanda Unida (más tarde conocido como Fine Gael). Este partido afirmaba que su fundador era el difunto Michael Collins y que sus orígenes estaban en la facción del Sinn Féin favorable al tratado. Se veían a sí mismos como los protectores de las instituciones del Estado y la fuerza que mantenía la ley y el orden. Siguió un año de violento activismo parlamentario y Fine Gael y Fianna Fáil renunciaron al liderazgo de O'Duffy. Sin embargo, estos partidos siguieron existiendo y trabajando dentro de los límites del sistema parlamentario y se convirtieron en dos partidos dominantes en Irlanda.

Durante la década de 1930, el paisaje de la Irlanda rural no cambió. Se pintaba una imagen idealista de la vida agrícola familiar de antaño. Los partidos políticos republicanos apreciaban este modo de vida y lo promovían como una tradición que siempre prosperaría. Pero en realidad, la gente era pobre y vivía en pequeñas casitas de un solo piso, capaces de cubrir solo las necesidades. La mayoría de la gente retrasaba el matrimonio porque no era capaz de mantener una familia. La vida ideal en el campo promovida por de Valera y sus socios era solo una ilusión, y la prueba de ello era el aumento de la emigración. Desde la Gran Hambruna, la gente abandonaba Irlanda con la esperanza de encontrar una vida mejor en otro suelo. La mayoría emigró a Estados Unidos, Canadá y Gran Bretaña. La población de la isla cayó por debajo de los tres millones. Todas las políticas que el gobierno ideó para mantener a la gente en el país habían fracasado.

Pero mientras la vida rural permanecía inalterada, las ciudades se desarrollaban y se precipitaban hacia la modernización, aunque ese no era el principal objetivo del gobierno. En 1940, las ciudades irlandesas estaban electrificadas. El cine y la radio llegaron por primera vez a Dublín en 1921, pero durante los años 30 se fueron extendiendo por todo el país gracias a los agentes culturales angloamericanos, gente rara que volvía de la emigración. También trajeron consigo los automóviles, y en 1940 invadieron las calles de las ciudades y pueblos. En agosto de 1936, Irlanda creó su primera compañía aérea nacional, Aer Lingus, y el gobierno fue su único accionista.

El Norte va a la guerra

Casi veinte años después de la división de Irlanda, Europa se sumergió en otra guerra de proporciones mundiales. Pero esta guerra que estalló en 1939 demostró lo profunda que era esta división en Irlanda. Cuando el Reino Unido declaró la guerra a Alemania el 3 de septiembre, Irlanda del Norte dio su apoyo incondicional. El pueblo estaba ansioso por mostrar su lealtad a la Corona, y el Primer Ministro Craigavon solicitó el reclutamiento para Irlanda del Norte. Pero el recién elegido Primer Ministro de Inglaterra, Winston Churchill (1874-1963), se negó, ya que era consciente de que tal medida no haría más que enemistarse con los nacionalistas y tal vez avivar los viejos disturbios que asolaron Irlanda hace apenas unas décadas. No obstante, el alistamiento en el ejército no sufrió ninguna escasez y, a finales de 1941, los norirlandeses sumaban 23.000 de todas las fuerzas armadas británicas. Pero la guerra trajo nuevos problemas a un país ya pobre. La Guardia Nacional estaba compuesta por los B-Specials, y racionaban los alimentos y otros recursos. Londonderry se convirtió en una importante base naval, pero en todo el país se construían aeródromos y las tropas acudían a entrenar. Los tiempos de guerra trajeron una época dorada para la industria norirlandesa, ya que la construcción naval y la fabricación de lino experimentaron un aumento de la demanda.

A principios de la Segunda Guerra Mundial, los alemanes hicieron planes para invadir Irlanda del Norte, pero estos planes se abandonaron rápidamente porque asumieron que Irlanda del Norte era estratégicamente invulnerable. Sin embargo, los alemanes se dieron cuenta de su error cuando enviaron 180 aviones para lanzar más de cien toneladas de bombas sobre Belfast. Más de 700 personas perdieron la vida durante los bombardeos del 14 y 15 de abril. Irlanda del Sur no podía limitarse a contemplar el sufrimiento de sus vecinos, y las brigadas de bomberos de Dublín se apresuraron a ayudar a Belfast. Éire incluso abrió centros de acogida para las personas que perdieron sus casas y negocios en los bombardeos. El 4 de mayo, los alemanes volvieron a destruir las instalaciones portuarias de Belfast, matando a más de 140 personas en el proceso.

Irlanda del Sur proclamó su neutralidad ya en septiembre de 1939, y los norteños se resintieron por ello. Sin embargo, Éire era un país joven, y sus dirigentes eran conscientes de que la participación en una guerra de tal envergadura podría acabar con su recién adquirida independencia. Tenían que mantenerse al margen de la guerra. Pero eso no significaba que a Irlanda no le importara. Aunque el gobierno impulsaba la política de neutralidad diplomática, en privado, el mismo gobierno llevaba a cabo actividades secretas de inteligencia y contactos estratégicos con el Reino Unido y Estados Unidos. En 1940, a los británicos les iba mal en la guerra, y su gobierno contempló ofrecer el apoyo de la unificación irlandesa a cambio de la participación de Éire. Pero el diálogo diplomático se precipitó a un callejón sin salida cuando se rechazó la demanda de Churchill de reocupar los puertos irlandeses. Sin embargo, Dublín siguió llevando a cabo actividades de espionaje. De hecho, el espionaje a los alemanes se convirtió en la ocupación más buscada de la época, e incluso el pueblo llano se involucró (aunque su actividad se limitó a contactar con miembros ilegales del IRA).

El 30 de mayo de 1941, los alemanes se dejaron llevar por las señales de radio interferidas y lanzaron sus bombas sobre Dublín en lugar de sobre sus objetivos en Irlanda del Norte. Treinta y cuatro personas perdieron la vida, pero este fue el único incidente que puso a Éire en contacto directo con la guerra. Aparte de eso, el país sufrió escasez de alimentos y racionamiento de combustible. En las calles de Dublín solo había unos pocos automóviles, ya que nadie podía pagar la gasolina. Pero el campo estaba ocupado ampliando sus labranzas y produciendo suficientes patatas para satisfacer la demanda de los tiempos de guerra. Cuando Estados Unidos se unió a la guerra en 1941, la neutralidad irlandesa se relajó mucho. Los aviones aliados empezaron a violar el espacio aéreo irlandés, pero el gobierno no se opuso. Miles de civiles decidieron unirse a la guerra en ese momento, y el gobierno de Éire no se opuso. Irlanda permaneció oficialmente neutral durante toda la guerra y se mantuvo al margen de los acontecimientos que marcaron el futuro de Europa. Como Éire reclamaba la soberanía de toda la isla, protestó por la presencia de tropas estadounidenses en Irlanda del Norte. De Valera se negó a cerrar los ministerios diplomáticos alemanes e italianos, y Churchill se burló continuamente de Irlanda por no unirse a los Aliados.

El final de la guerra trajo consigo una nueva determinación en ambas islas para dejar atrás las condiciones económicas y sociales de la preguerra. Tenían que centrar sus esfuerzos en crear una sociedad nueva y próspera. Irlanda del Norte comenzó a hacerlo durante la guerra con la apertura del Ministerio de Sanidad y de los gobiernos locales en 1944. En Éire, el final de la guerra trajo la oportunidad de dar forma al país de la manera que siempre había estado en los sueños de la gente: era el momento de crear la república.

La República

La escena política irlandesa en 1945 estaba dominada por el descontento. Los disturbios y la escasez de suministros continuaban después de la guerra, y la inflación acechaba. Los jornaleros agrícolas, los trabajadores industriales y los maestros de escuela se declaraban a menudo en huelga, a pesar de la creación del Tribunal del Trabajo en 1946, que debía ocuparse de los conflictos entre empresarios y empleados. La pobreza seguía siendo endémica en todo el país, y la vivienda en general era deficiente. La emigración continuaba, y Éire perdía cada vez más gente. El único punto positivo fue que en 1946 se introdujo la electricidad en los pueblos y en las pequeñas explotaciones familiares aisladas. Sin embargo, el gobierno tardaría los siguientes treinta años en terminar el proceso de electrificación de todo el país. Fianna Fáil llevaba ya dieciséis años en el poder, y la experiencia acumulada en el gobierno hizo que el partido casi abandonara sus ideales políticos anteriores, pero el pueblo anhelaba un cambio. Empezaron a surgir y a proliferar pequeños partidos. Uno de ellos fue Clann na Poblachta, fundado en julio de 1946. Su líder era Seán MacBride (1904-88), ultrarrepublicano y opositor al tratado. Era el jefe de personal del IRA, y aportó una poderosa presencia del IRA en el círculo interno del partido.

En las primeras elecciones de la posguerra de 1948, Clann na Poblachta obtuvo el 13% de los votos, lo que dio al partido diez escaños en el Parlamento. Fianna Fáil siguió siendo el partido más grande; perdió ocho escaños, lo que significó que tendría que formar una coalición. Por primera vez se formó un gobierno multipartidista en Irlanda, que incluía a Fine Gael, Clann na Poblachta y otros partidos menores. John A. Costello (1891-1976), que anteriormente había sido fiscal general del Estado Libre, fue nombrado primer ministro. El nuevo gobierno no tenía necesariamente políticas comunes previamente establecidas, y se mantuvo unido solo porque compartía la animosidad hacia Fianna Fáil. Aunque el objetivo de De Valera y Fianna Fáil era la completa desvinculación de Gran Bretaña, sería esta colisión la que lo lograría. En 1948, la estatua de la reina Victoria fue retirada del patio de Leinster House, la sede del Parlamento irlandés, y supuso un gesto simbólico de abandono de los lazos del gobierno con Londres. El 7 de septiembre, Costello anunció que Éire estaba en vías de abandonar la Commonwealth y convertirse en una república. El 21 de diciembre de 1948, el Dáil votó y aprobó la Ley de la República de Irlanda. Éire se convirtió formalmente en una república el 18 de abril de 1949.

El nuevo gobierno lo consiguió porque, para ellos, cortar los últimos vínculos con Londres era más importante que la unificación de Irlanda. La responsabilidad de la partición de Irlanda recaía ahora exclusivamente en el Reino Unido, y era su responsabilidad volver a unirla. Pero Londres se negó a hacerlo cuando, el 2 de junio de 1949, el Parlamento de Westminster reconoció el fin del dominio británico sobre Éire, pero afirmó que Irlanda del Norte debía seguir formando parte del Reino Unido. El Parlamento de Irlanda del Norte no dio su concesión a dicho acuerdo. Debido a que el Reino Unido decidió aferrarse a Irlanda del Norte, la República de Irlanda se negó a entrar en la Organización del Tratado del Atlántico Norte (OTAN), una alianza de defensa de Occidente en la posguerra. Pero la república sí entró en otras organizaciones europeas, como el Consejo de Europa, aunque tuvo que hacerlo junto a Gran Bretaña. Irlanda no pudo ingresar en la Organización de las Naciones Unidas (ONU), aunque lo solicitó en 1945; fue vetada por la Unión Soviética por ser una nación anticomunista, muy influenciada por la Iglesia católica. Pero cuando estalló la guerra fría entre Estados Unidos y la Unión Soviética en 1955, Irlanda fue finalmente aceptada en la ONU.

Durante las décadas de 1950 y 1960, el Fianna Fáil volvió a dominar la política de la República de Irlanda, con De Valera creando el gobierno en 1951 y 1957 y Seán Lemass (1899-1971), otro líder del Fianna Fáil, en 1959, 1961 y 1965. El Fine Gael revivió durante la década de 1960 y continuó con su política conservadora, pero el Clann na Poblachta se desvaneció, y el Partido Laborista luchó por inspirar el apoyo de la gente. Pero ningún partido político abogaba por el socialismo en una Irlanda predominantemente católica y conservadora. Las principales diferencias entre las políticas de los principales partidos se basaban en sus actividades pasadas durante la guerra civil. Fianna Fáil seguía siendo inquebrantablemente republicano, mientras que Fine Gael se inclinaba por opiniones más moderadas sobre el gobierno. Pero Fianna Fáil demostró ser un partido político más dinámico, y consiguió ganar más de cincuenta escaños en el Parlamento en la mayoría de las elecciones entre 1932 y 1977. Atrajo a todas las clases sociales, tanto a los trabajadores como a los empresarios y pequeños agricultores.

La nueva República de Irlanda mantuvo sus vínculos comerciales con Gran Bretaña, principalmente a través del comercio. Tras conseguir finalmente la república, Irlanda se alejó del nacionalismo económico y solicitó el Plan Marshall, el programa estadounidense de ayuda financiera a la Europa devastada por la guerra. Este plan estuvo en vigor desde 1947 hasta 1952, y solo Irlanda recibió aproximadamente 150 millones de dólares estadounidenses en préstamos y subvenciones. Al aceptar esta ayuda, el gobierno de Irlanda se vio obligado a admitir que sus anteriores planes económicos arrojaban bajos índices de producción y productividad. También tuvo que examinar más de cerca sus relaciones con otros países europeos y admitir la dependencia económica del mercado británico. El gobierno se dio cuenta finalmente de que su defensa de una vida rural idealista no iba a sostener económicamente a la república.

La emigración continuó después de la guerra, con más de medio millón de personas abandonando Irlanda entre 1951 y 1961, principalmente hacia Gran Bretaña. La población se redujo a unos escasos 2,8 millones de habitantes, y el gobierno tuvo que actuar rápidamente para detener la emigración. En la década de 1950, el aspecto de Irlanda del Sur era casi el mismo que el de los años veinte. Apenas ningún hogar rural disponía de agua corriente y retretes interiores. Los electrodomésticos modernos y la calefacción central eran lujos que solo los ricos podían permitirse. Incluso las infraestructuras estatales sufrieron. Las carreteras eran escasas y estaban sobrecargadas por el creciente número de vehículos. La sociedad irlandesa estaba estancada, era conservadora y pobre. Durante los años 50, el gobierno inició un nuevo programa, diseñado para atraer la inversión extranjera. A mediados de la década, todos los partidos políticos adoptaron este programa y lo promovieron. Se ofrecieron exenciones fiscales y subvenciones a las empresas extranjeras, y más de 300 empresas entraron en la economía irlandesa, principalmente desde Estados Unidos. Irlanda también se incorporó al Banco Mundial y obtuvo acceso al Fondo Monetario Internacional. Se siguió fomentando la agricultura, pero solo sus sectores rentables. En la década de 1960 se instruyó a los agricultores en técnicas científicamente avanzadas, lo que aumentó considerablemente la producción agrícola. El Consejo de Asuntos Económicos e Industriales llevó a cabo una amplia investigación e introdujo en Irlanda modelos modernos de gestión empresarial y comercialización. En la segunda parte de la década de 1960 y a lo largo de la de 1970, Irlanda experimentó un gran auge. Las tasas de crecimiento anual alcanzaron una media del 4%, lo que supuso más del doble del periodo anterior a la guerra.

La urbanización y las industrias intensivas en capital y orientadas a la exportación se expandieron. Los jóvenes se trasladaron a las ciudades, donde las oportunidades de empleo y crecimiento económico eran enormes. Pero las comunidades rurales pagaron el precio, y algunos pueblos desaparecieron por completo. La emigración continuó, pero se ralentizó, permitiendo que la población general de Irlanda creciera. En 1971, la demografía había aumentado en más de 100.000 personas desde la Gran Hambruna. La brecha económica entre el norte industrial y el sur agrícola empezó a reducirse, lo que trajo consigo muchas esperanzas sobre la posible unificación de las dos Irlandas. Pero no todo era color de rosa. Las tasas de desempleo e inflación siguieron siendo elevadas, y la tasa de crecimiento agrícola quedó rezagada porque las industrias nacionales tradicionales no se expandieron. El sector agrícola estaba perdiendo el estatus predominante que tenía durante la Irlanda de preguerra. Sin embargo, las oportunidades educativas se ampliaron durante la década de 1960, ya que el gasto nacional aumentó y la educación post primaria se hizo gratuita. El gobierno también aumentó los subsidios por hijos y las prestaciones laborales. Se introdujo la pensión estatal, y una Ley de Bienestar Social de 1950 puso en marcha la asistencia sanitaria nacional, así como un seguro de desempleo y planes para viudas y huérfanos.

En junio de 1963, el presidente estadounidense John F. Kennedy visitó Irlanda. Toda la nación celebró que el primer presidente católico de Estados Unidos fuera de ascendencia irlandesa. Sus cuatro abuelos eran hijos de emigrantes irlandeses, y el propio Kennedy podía rastrear sus raíces hasta el condado de Wexford y el pueblo Dál gCais de Thomond. Llevó a Irlanda la esperanza de que el país podía avanzar, al igual que sus emigrantes habían prosperado en la nueva tierra. Cuando la televisión se introdujo en los hogares irlandeses durante 1961 y 1962, simbolizó el inicio de la sociedad de consumo que sustituyó a la antigua sociedad conservadora. Las emisiones y el acceso a la información cambiaron los valores de la gente y ayudaron al país a salir de su visión insular. Pero esto significó que los funcionarios de la Iglesia tuvieron que enfrentarse ahora a los cambios sociales y culturales que siguieron al progreso tecnológico. La influencia de la Iglesia católica en la política y la sociedad irlandesas seguía siendo importante, pero empezaba a menguar. Cada vez que la Iglesia intentaba inmiscuirse en el proceso legislativo, el gobierno se resistía. Así, los pubs irlandeses consiguieron la licencia para permanecer abiertos hasta las 11:30 de la noche durante los fines de semana, a pesar de las duras objeciones de la iglesia.

Aunque la Iglesia católica estaba perdiendo su control sobre la sociedad, esta seguía siendo predominantemente —e incluso cada vez más— católica. El número de protestantes no dejaba de disminuir, y en 1970 solo representaban el 7% de la población total de la república. Este descenso de la población protestante no se debió a la emigración. Los principales responsables fueron los matrimonios mixtos, cada vez más populares. Aunque la sociedad católica de Irlanda cambió radicalmente y mostró su capacidad de tolerancia (e incluso de amor) hacia sus compatriotas protestantes, el norte siguió sin impresionarse. Allí, los protestantes seguían anclados en sus viejas ideas de que la unificación solo traería consigo el dominio católico bajo la estricta dirección de un papado intolerante, y estaban decididos a resistirse a la posibilidad de la unificación.

Capítulo 10 - La historia contemporánea de Irlanda

La bandera lealista y la destrucción durante los Problemas
https://en.wikipedia.org/wiki/The_Troubles#/media/
File:Shankilltroubles.jpg

Irlanda del Norte siguió profundamente dividida entre las organizaciones sectarias de protestantes y católicos. La mayoría de la población del norte era protestante, y mostraba con orgullo su poderío frente a las zonas residenciales católicas en un desfile anual de los Apprentice Boys of Derry, una sociedad fraternal protestante. Las tensiones siempre fueron elevadas en Irlanda del

Norte, pero el desfile organizado el 12 de agosto de 1969 desencadenó una violencia de tres días que sorprendió a todos. Todas las frustraciones, injusticias y prejuicios que el norte había reprimido durante generaciones estallaron de repente, y la furia de la muerte y la destrucción se sucedieron. Los centros urbanos de Irlanda del Norte se transformaron en campos de batalla. Las autoridades civiles fueron incapaces de hacer frente a la violencia que las desbordaba. El ejército británico tuvo que intervenir para restablecer el orden, pero en lugar de ser pacificadores, se convirtieron en objetivo de las guerrillas. Pronto, el conflicto se convirtió en parte de la vida cotidiana, que debía continuar. La gente se vio obligada a seguir con sus negocios en medio de los bloqueos de carreteras, los puestos de control y la amenaza constante de ataques violentos.

El mundo observaba cómo Irlanda atravesaba el periodo de los llamados "Problemas", que duraron aproximadamente treinta años, desde finales de los 60 hasta finales de los 90. Eran un testimonio de todo lo que podía salir mal si se atesoraba la intolerancia durante tanto tiempo. La República de Irlanda, aunque simpatizaba con la minoría católica del norte, rechazaba la violencia del IRA Provisional. Abandonó la búsqueda de la reunificación e inició nuevas negociaciones que dieran satisfacción a ambos gobiernos irlandeses. Aparte de buscar activamente una solución a los problemas del norte, Irlanda del Sur centró sus esfuerzos en acumular riqueza. La economía de la República se disparó durante la progresiva década de los 70, pero los 80 supusieron una brusca caída. Sin embargo, durante la década de 1990, Irlanda experimentó un renovado crecimiento económico que superó todas las expectativas. A finales del siglo XX, la República de Irlanda había pasado de ser una sociedad agrícola atrasada a convertirse en un modelo moderno para las naciones. El pueblo se alejó de las tragedias del pasado y empezó a mirar al futuro. El cambio social y económico hizo del sur un lugar próspero para vivir. En lugar de perder su población por la emigración, la República de Irlanda empezó a recibir emigrantes de todo el mundo.

Violencia en el Norte

Incluso antes de los sucesos del 12 de agosto de 1969, las tensiones en Irlanda del Norte se acumulaban desde hacía meses, mientras los protestantes se preparaban para su desfile en conmemoración del Sitio de Derry (actual Londonderry) en 1689. Derry, un bastión protestante en aquella época, fue atacado por el rey católico Jacobo II y su ejército, pero trece aprendices cerraron las puertas de la ciudad ante el ejército que los seguía, y el asedio comenzó. Todavía hoy, la fraternidad Apprentice Boys of Derry cierra simbólicamente las puertas de la ciudad para conmemorar el acontecimiento. A diferencia de 1969, los actos de hoy son pacíficos y tolerantes. No está claro quién inició la violencia el 12 de agosto, pero el desfile fue detenido en la zona residencial católica de Londonderry, el Bogside. Allí se levantó un bloqueo de la carretera, y cuando los Apprentice intentaron asaltar el bloqueo, los católicos les lanzaron bombas de gasolina y piedras. La violencia envolvió la ciudad durante tres días y se extendió incluso a Belfast, donde se quemaron casas en la católica Falls Road y en la protestante Shankill Road, y se intercambiaron disparos. La Royal Ulster Constabulary (RUC) respondió desplegando coches blindados con armas montadas para hacer retroceder a los nacionalistas católicos. El gobierno movilizó a los B-Specials, que invadieron la zona residencial católica, quemando las casas y los negocios. Sin embargo, solo consiguieron enardecer aún más a la comunidad católica, y los nacionalistas se levantaron en represalia.

El RUC pronto se vio desbordado por el caos que provocaron, y pidieron el refuerzo que solo podía proporcionar el ejército británico. El 15 de agosto se puso en marcha una acción bautizada como Operación Banner, en la que las tropas británicas llegaron e intentaron separar a los leales (protestantes) y a los nacionalistas (católicos) que luchaban. Los católicos se alegraron en primer lugar de la intervención del ejército porque el gobierno británico emitió el 19 de agosto la Declaración de Downing Street, por la que se afirmaba la igualdad y la no discriminación tanto de católicos como de protestantes. El gobierno estaba dispuesto a introducir cambios y a satisfacer la mayoría de las demandas de la minoría católica, como el fin de la discriminación en el empleo público y el rediseño de las fronteras electorales. En diciembre se crea el Regimiento de Defensa del Ulster (UDR) para sustituir a los sectarios B-Specials. El UDR era una fuerza de seguridad bajo el control del ejército británico, y los católicos esperaban que se les permitiera unirse a sus filas. Pero sus esperanzas fueron vanas: en 1970, el UDR se convirtió en una fuerza militar protestante de facto.

Pero hiciera lo que hiciera el gobierno, las frustraciones desatadas de la población siguieron provocando la violencia. Los habitantes de Belfast empezaron a pintar grafitis en las paredes de las casas católicas, que solo sirvieron para burlarse de sus residentes. El IRA estuvo casi completamente ausente de los disturbios de agosto, y los lealistas se burlaron de esta organización republicana interpretando "IRA" como "I Ran Away" (Yo me escapo). Los líderes del IRA buscaron una respuesta, y el 11 de enero de 1970 se reunieron en una convención en Dublín, donde se dividieron en dos grupos: el IRA Oficial y el IRA Provisional. El primero quería seguir luchando por el cambio a través de los medios parlamentarios oficiales, mientras que el segundo se comprometía a reunificar Irlanda por la fuerza. El partido político Sinn Féin también se dividió, tanto en el sur como en el norte, en las alas oficial y provisional.

La esperanza de los católicos de que el ejército británico consiguiera garantizar la paz se desmoronó cuando ese mismo ejército inició registros nocturnos en los hogares católicos. Buscaban armas, pero fueron recibidos con bombas de gasolina y armas improvisadas. Los residentes de las zonas católicas de las ciudades consideraron las patrullas del ejército como un nuevo intento de los protestantes de humillarlos y destruir sus propiedades. El ejército británico era visto ahora como una facción que se ponía completamente del lado de los protestantes, y los disturbios se renovaron en la primavera de 1970. El IRA Provisional entró en Belfast a finales de junio y se unió a la lucha.

Las fuerzas políticas de Irlanda del Norte trabajaron para evitar un mayor deterioro de la situación. El Primer Ministro Brian Faulkner (1921-77) y su Partido Unionista apoyaron una línea moderada a pesar de la continuación de los disturbios. Los protestantes y los católicos que buscaban un compromiso se unieron para formar el Partido de la Alianza en abril de 1970. Los diputados católicos moderados formaron el Partido Socialdemócrata y Laborista (SDLP) en agosto y buscaron la unificación de Irlanda por consentimiento. Querían utilizar las vías oficiales y parlamentarias para lograr la unificación, y renunciaron a la violencia. Al mismo tiempo, aparecieron organismos políticos que buscaban aumentar la división. En septiembre de 1971 se creó el Partido Unionista Democrático (DUP), que se comprometió a mantener el dominio protestante en el norte. El Movimiento de Vanguardia del Ulster, que buscaba la separación del Ulster, se fundó en febrero de 1972.

Cuando el IRA mató al primer soldado británico en Belfast el 6 de febrero de 1971, los atentados se multiplicaron. Los grupos protestantes respondieron a los ataques con atentados. Pero la violencia no fue suficiente para contener a los católicos, y los unionistas empezaron a presionar al gobierno para que adoptara medidas más firmes. En agosto de 1971, Faulkner aprobó el internamiento de los presuntos miembros del IRA por tiempo indefinido. Más de 300 personas fueron detenidas y no se les dio la oportunidad de defenderse mediante un juicio. Pero esto solo sirvió para enemistarse aún más con los católicos, que observaron que todos los detenidos procedían de sus filas y fueron maltratados. Organizaron manifestaciones en toda Irlanda del Norte, e incluso los católicos moderados se retiraron de los cargos públicos. El 30 de enero de 1972, el ejército británico fusiló a trece personas. Ese día se recuerda como el "Domingo Sangriento", y provocó el resentimiento de los nacionalistas. Este resentimiento se extendió al país hermano, y la embajada británica en Dublín fue incendiada el 2 de febrero de 1973.

El gobierno de Faulkner fue incapaz de hacer frente a la crisis, y Londres empezó a criticarlo y a presionarlo. En marzo de 1972, Londres suspendió el gobierno norirlandés y abolió su Parlamento, sustituyéndolo por el gobierno directo de Westminster. El gobierno británico tuvo que abrir una nueva oficina, la Secretaría de Estado para Irlanda del Norte, dirigida por William Whitelaw (1918-99). Pero todos estos cambios que introdujo el gobierno británico no consiguieron hacer cambiar de opinión a la población de que se avecinaban días mejores. El IRA siguió bombardeando, y el 21 de julio de 1972, nueve personas fueron asesinadas en una masacre recordada como el "Viernes Sangriento". La opinión pública quedó conmocionada por el suceso, y la violencia fue remitiendo poco a poco. Sin embargo, el año terminaría con la pérdida de 472 personas en estallidos de violencia en toda Irlanda del Norte. Aunque la intensidad del conflicto disminuyó, la violencia se extendió fuera de las fronteras de Irlanda del Norte. En 1973, llegó incluso a Londres cuando dos coches fueron equipados con bombas. Las explosiones mataron a dos individuos e hirieron a unas 180 personas.

El gobierno británico trabajó en un acuerdo que fuera aceptado tanto por el SDLP como por el Partido Unionista del Ulster de Faulkner. Al SDLP se le prometió la apertura de instituciones que se extenderían por encima de la frontera y trabajarían para conectar las dos Irlandas, mientras que al Partido Unionista se le prometió que Irlanda del Norte seguiría formando parte del Reino Unido. En junio de 1973, tanto el SDLP como el UUP obtuvieron la mayoría, y se fundó un nuevo parlamento con setenta y ocho escaños. En noviembre se creó una administración conjunta y en diciembre se fundó un Consejo de Irlanda encargado de supervisar los asuntos de interés común entre las dos Irlandas. El nuevo Parlamento volvió a estar presidido por Faulkner, pero Gerard Fitt (1926-2005), líder del SDLP, fue su suplente.

Pero la cooperación entre los dos partidos políticos no puso fin al conflicto. Al IRA no le impresionó la política y siguió lanzando ataques. Otros partidos políticos más radicales se opusieron a la colaboración, y Faulkner fue repudiado por la mayoría de sus propios diputados, incluso los que se sentaban en Westminster. Los votantes, tanto nacionalistas como leales, no estaban seguros de cuál sería el papel del Consejo de Irlanda, especialmente los leales, que pensaban que el Consejo era un paso hacia la unificación de Irlanda. El 28 de mayo de 1974, Faulkner dimitió al no poder reunir el apoyo del pueblo para seguir colaborando. No importaban los esfuerzos de los partidos políticos, tanto protestantes como católicos, el pueblo no estaba dispuesto a llegar a un compromiso. Irritado por los constantes fracasos en el plano político, el gobierno británico decidió retirarse y dejar que los políticos de Irlanda del Norte se ocuparan de los conflictos por su cuenta. En 1975 se reanudaron los esfuerzos para establecer una cooperación. Pero, al igual que antes, no consiguieron conmover a la población, y las negociaciones fracasaron. Los protestantes exigieron el regreso del gobierno de la mayoría, tal y como sucedía desde la división de Irlanda.

Al igual que la política entró en un punto muerto, también lo hizo el conflicto. Los asesinatos y la violencia continuaron durante el resto de la década de 1970, pero se redujeron lentamente en la década de 1980, aunque nunca cesaron del todo. Las muertes se redujeron de unos 300 muertos anuales a unos ochenta. Aunque los conflictos se contuvieron en gran medida en Irlanda del Norte, la República también sufrió. En julio de 1976, el embajador británico Christopher Ewart-Biggs y un funcionario fueron asesinados en Sandyford, en el condado de Dublín. Las tragedias fueron numerosas, pero cuando un soldado del IRA estrelló un coche robado contra la acera y mató a tres niños, se organizó un movimiento por la paz en Irlanda del Norte. Lo encabezaron Mairead Corrigan (nacida en 1944), tía de los tres niños, y Betty Williams (1943-2020). Las dos mujeres recogieron firmas para una petición de fin de las hostilidades en Irlanda del Norte, y mujeres de familias protestantes y católicas se unieron a ellas en su marcha por la paz a través de Belfast. El día del funeral de los tres niños trágicamente asesinados, más de 10.000 mujeres de Belfast se reunieron para apoyar el movimiento por la paz. Por desgracia, el IRA atacó las marchas. Pero eso no disminuyó el ánimo de Mairead Corrigan y Betty Williams. La siguiente marcha por la paz reunió a unas 35.000 personas, y esta vez, personas de ambos sexos y religiones se unieron para apoyar la paz. Su organización pacifista creía que la violencia solo podía detenerse mediante la educación, y publicaron un periódico quincenal llamado *Peace by Peace*. En 1977, tanto Mairead Corrigan como Betty Williams recibieron el Premio Nobel de la Paz por sus esfuerzos durante el año anterior. Pero la violencia continuó. En 1979, dieciocho soldados británicos fueron asesinados por el IRA, y el conde Mountbatten de Birmania fue asesinado.

El mundo entero vio cómo Irlanda del Norte ardía en el conflicto. En las televisiones de los hogares de todo el país se podían ver imágenes espantosas de los disturbios y los asesinatos. Pero la gente tenía que seguir viviendo. La incertidumbre de los "Problemas" provocó una crisis económica en Irlanda del Norte. Los inversores se vieron disuadidos de llevar sus negocios a zonas de riesgo, y todo el Reino Unido pudo sentir los efectos. La capacidad de Londres para suministrar ayuda regional a Irlanda del Norte disminuyó gradualmente. Muchas fábricas se vieron obligadas a cerrar durante las décadas de 1970 y 1980, y el desempleo se disparó hasta el 20%. La pobreza que sobrevino impidió que muchos católicos emigraran, y su número empezó a aumentar. En 1961, los católicos representaban el 35 por ciento de la población total, y en 1981, esa cifra aumentó al 40 por ciento.

A principios de la década de 1980, los presos del IRA perdieron su condición de presos políticos y empezaron a ser tratados como delincuentes comunes. Comenzaron a protestar por las malas condiciones de las cárceles irlandesas y se negaron a ponerse los uniformes de la prisión. También iniciaron huelgas de hambre, y varias de las principales figuras del IRA murieron de hambre, lo que les sirvió para convertirse en mártires a los ojos de la población católica. El IRA empezó a ganar apoyo no solo entre los republicanos y nacionalistas de Irlanda del Norte, sino también en el extranjero. Se organizaron manifestaciones en su apoyo incluso en Estados Unidos, lo que hizo que los católicos moderados del SDLP estuvieran ansiosos por socavar el creciente apoyo del IRA. Se dirigieron al gobierno de Irlanda y al de Gran Bretaña, pidiendo que reanudaran sus esfuerzos para establecer un acuerdo de reparto del poder en Irlanda del Norte. El gobierno irlandés respondió con la creación del Foro de la Nueva Irlanda en 1983, que reunió a los principales partidos de la República de Irlanda y a miembros del SDLP para que presentaran un enfoque común del problema en el norte. En 1984, el Foro presentó una serie de opciones que incluían la unión de treinta y dos condados en el Estado irlandés: un gobierno federal con poderes en toda la isla, una República de Irlanda conjunta y autoridades del Reino Unido en Irlanda del Norte. Pero todas sus propuestas fueron rechazadas por el gobierno británico y los unionistas del Ulster. No obstante, el Foro consiguió que la República de Irlanda participara en la búsqueda de una solución a los problemas de Irlanda del Norte.

El gobierno británico de Margaret Thatcher (1925-2013) apoyó al principio a los unionistas del Ulster y su deseo de dominio protestante sobre los católicos. Pero con el tiempo, Thatcher se dio cuenta de que Irlanda del Norte necesitaba un esquema de reparto de poder para poder satisfacer las necesidades de la población minoritaria. En noviembre de 1984, Thatcher y el Primer Ministro irlandés Garret Fitzgerald (1926-2011) celebraron una cumbre, y juntos hicieron un llamamiento al respeto de ambas comunidades en Irlanda del Norte. El producto de la reunión de los dos primeros ministros fue el Acuerdo Anglo-Irlandés de Hillsborough, firmado en 1985. Este acuerdo puso en marcha un mecanismo para la reacción conjunta de ambos gobiernos, el del Reino Unido y el de la República de Irlanda, ante las crisis específicas de Irlanda del Norte. Tanto el Reino Unido como la República de Irlanda afirmaron que el estatus del norte no cambiaría sin la concesión de la mayoría de su población. Se creó el Centro Intergubernamental Británico-Irlandés, y se reunieron regularmente en los foros para discutir los problemas de Irlanda del Norte.

El progreso de la República

Mientras el conflicto en Irlanda del Norte hacía estragos, los ciudadanos y el gobierno de la República de Irlanda solo podían observar. Resentían la violencia que envolvía a la mitad norte de su isla, y se fijaron como objetivo centrarse en el crecimiento de su nación y su economía. Solo a través de la prosperidad podría la República ayudar al pueblo irlandés que sufría en los Problemas. El segundo programa de expansión económica se puso en marcha en 1964, y el tercero comenzó en 1970. Eran programas ambiciosos diseñados para lanzar la economía de la República hacia adelante, y sus principales objetivos eran atraer a los inversores extranjeros y promover la exportación de productos manufacturados. El libre comercio regional se convirtió en la prioridad, y las perspectivas de la economía del país mejoraron aún más cuando la República de Irlanda entró en la Comunidad Económica Europea (CEE) el 1 de enero de 1973. Los inversores extranjeros se sintieron aún más atraídos por la apertura de sus negocios en la República, y las primeras empresas que producían productos electrónicos, químicos y electrodomésticos se instalaron en Irlanda. Ayudaron en gran medida a diversificar el mercado de exportación del país. La economía creció a un ritmo constante del 4% anual, excepto durante 1973-74 y 1979, cuando los precios de la energía se dispararon en todo el mundo occidental.

Los partidos políticos que pasaban por alto los cambios económicos del país seguían siendo los mismos. Fianna Fáil, Fine Gael y el Partido Laborista seguían dominando la escena política, pero el régimen político del país cambiaba muy a menudo: cinco veces entre 1966 y 1982. Observando la violencia que se apoderaba del norte, estos partidos políticos se alejaron gradualmente de sus políticas radicales. Nuevos líderes tomaron el relevo, y los partidos fueron, en general, mejor gestionados y tuvieron acceso a más fondos. Pero el gobierno de un país que progresa tan rápidamente también tiene sus turbulencias, y la República no dejó de verse afectada por los acontecimientos del norte. En abril de 1970, un escándalo estuvo a punto de derrocar al gobierno cuando los funcionarios de aduanas del aeropuerto de Dublín encontraron un cargamento de armas que se dirigía del continente a Irlanda del Norte. Dos ministros que se creía que estaban implicados en el incidente fueron destituidos inmediatamente: Charles Haughey, Ministro de Finanzas, y Neil Blaney, Ministro de Agricultura y Pesca.

En junio de 1981, la República de Irlanda eligió un nuevo gobierno, con el Dr. Garret FitzGerald al frente como primer ministro. Su prioridad era hacer frente a los efectos de las crisis económicas de 1973-74 y 1979. En ese periodo, Irlanda se vio afectada por dos crisis del petróleo, huelgas bancarias y aumentos salariales de los empleados públicos, y los anteriores primeros ministros habían aumentado la deuda nacional. Cuando los problemas económicos se prolongaron, la deuda se acumuló y Fitzgerald tuvo que hacer frente a ella. La economía dominó la política de su gobierno durante toda la década de 1980, pero todas las medidas propuestas por el gobierno fueron derrotadas en las votaciones. Una de ellas era de recortes presupuestarios en 1981, y la otra era una subida de impuestos, que fue derrotada en 1982. La recesión continuó.

El cambio social que se inició con la fundación de la República de Irlanda continuó a pesar de sus problemas económicos. La transformación de la sociedad irlandesa se presenta mejor a través de la demografía. De 2,8 millones en 1961, la población pasó a 3,4 millones en solo veinte años. El país consiguió invertir el declive gracias a la inmigración, y la población no solo creció, sino que se rejuveneció. En 1980, casi la mitad de los habitantes eran menores de veinticinco años, y el gobierno les aseguró el acceso a la educación superior. A lo largo de la década de 1970, el sistema educativo se modificó para incluir un nuevo plan de estudios, y el gobierno construyó escuelas más grandes y mejor equipadas. Además de las universidades estatales fundadas en 1968, se crearon escuelas técnicas regionales. La modernización se vio en todas partes, desde las escuelas hasta los hospitales, las oficinas públicas e incluso los hogares. Con ella llegó a Irlanda un mejor nivel de vida, aunque no para todos. Alrededor del 20% de la población seguía soportando la pobreza, y en las zonas urbanas aumentaban los índices de criminalidad, especialmente en Dublín. El aumento de la población también supuso que más jóvenes se convirtieran en la mano de obra de industrias muy limitadas. Esto provocó una fuerte competencia por los puestos de trabajo disponibles, y las tasas de desempleo comenzaron a aumentar. La expansión industrial también introdujo una nueva preocupación para la población y el gobierno de Irlanda: la contaminación.

Los problemas económicos de Irlanda continuaron durante la década de 1980 y principios de la de 1990, y las tasas de emigración comenzaron a aumentar de nuevo. Más de 50.000 personas abandonaban la isla cada año, lo que hizo temer que volvieran los patrones demográficos de la Gran Hambruna. La deuda nacional alcanzó un increíble 94,5% del producto interior bruto (PIB) en

1993. Pero incluso entonces se podían apreciar cambios en la economía nacional. Entre 1987 y 1992, el producto nacional bruto (PNB) creció un 30 por ciento, y la economía empezó a expandirse un 2 por ciento al año. El desempleo empezó a bajar a medida que la nueva generación, altamente educada, entraba en la fuerza de trabajo, y la demanda para abrir nuevas industrias crecía. El desempleo bajó al 7,7% en 1998 y al 3,8% en 2000. A finales del siglo XX, la tasa de inflación se redujo al 2,4%, frente al 9% registrado entre 1995 y 1999. El nivel de vida de Irlanda a finales de siglo se equiparó al del resto de Europa Occidental.

Este cambio económico en Irlanda debe agradecerse a muchos factores, tanto nacionales como extranjeros. El gobierno puso en marcha una campaña con la que consiguió atraer a empresas de alta tecnología para que vinieran a abrir sus negocios en Irlanda. Importantes empresas informáticas internacionales se establecieron en la isla, atraídas por los bajos salarios y los recortes fiscales del gobierno para las empresas. Irlanda podía ofrecer una mano de obra joven, educada y anglófona muy solicitada, y la situación geográfica y el huso horario de la isla la convertían en un lugar perfecto para las empresas que hacían negocios con el mundo occidental. Gracias a su pertenencia a la CEE, Irlanda obtuvo acceso al creciente mercado europeo cuando, en 1993, se creó la Unión Europea.

La población de Irlanda siguió estando muy influenciada por la Iglesia católica, aunque el poder de esta institución para influir en la política se redujo. El aborto siguió siendo ilegal en Irlanda cuando la Octava Enmienda entró en la Constitución en 1983. Mediante esta enmienda, el feto no nacido tenía el mismo valor que su madre; sin embargo, el Parlamento obtuvo el derecho a decidir sobre la legalidad del aborto. En 2013, el Parlamento irlandés votó que el aborto podía realizarse en el país si se hacía para salvar la vida de una mujer. Esta ley se introdujo tras el escándalo del año anterior, cuando una mujer murió porque se le negó el aborto a pesar de haber sufrido un aborto espontáneo séptico. Este incidente desencadenó muchos movimientos de mujeres, y el debate sobre este tema se introdujo en la Asamblea de Ciudadanos en 1916-17. El aborto fue finalmente legalizado en 2018. Los movimientos activistas de las mujeres se mantuvieron vivos en Irlanda durante las décadas de 1970 y 1980, ya que lucharon por sus derechos a entrar en la fuerza de trabajo y a recibir un salario igual al de los hombres. El impacto de la globalización moderna cambió el sistema de valores de la sociedad irlandesa. El país empezó a vincularse con las tendencias y la perspectiva propias del mundo occidental moderno. Otros cambios sociales llegaron con la mejora de la situación económica del país. La tendencia de la sociedad a la apertura mental y la visión de futuro trajo consigo la despenalización de la homosexualidad en adultos en 1993, y en 1995 se legalizó finalmente el divorcio. Los anticonceptivos, prohibidos desde 1935, entraban ahora libremente en el país y estaban a disposición de todo el que los necesitara. La Iglesia católica empezó a suavizar sus opiniones definitivas y quedó al margen de los debates sobre la moral.

El fin de la violencia

En 1985, cuando la República de Irlanda se sumó a la búsqueda del fin del conflicto en el norte, creó inmediatamente un Fondo Internacional para Irlanda con el fin de proporcionar dinero para el desarrollo regional del Ulster y de las zonas de Irlanda del Norte limítrofes con la República. Se esperaba que la violencia cesara si los ciudadanos tenían mejores perspectivas económicas. Incluso las elecciones de 1987 mostraron un cambio en la opinión política de la gente, ya que el porcentaje de votos del moderado SDLP aumentó. Pero la violencia no cesó; ni siquiera disminuyó. El año de las elecciones, ocho hombres del IRA murieron en un ataque a la comisaría del condado de Armagh, mientras que once civiles murieron y sesenta y tres resultaron heridos por una bomba que los miembros del IRA pusieron en Enniskillen.

El gobierno de la República siguió luchando contra la violencia con medidas específicas destinadas a apaciguar a la población. Al igual que su plan para aumentar el nivel de vida de sus propios ciudadanos, el gobierno trató de resolver los problemas de desempleo en Irlanda del Norte. En 1990 se promulgó la Ley de Empleo Justo de Irlanda del Norte y se creó la Comisión de Empleo Justo para garantizar que los católicos obtuvieran una parte justa de los puestos de trabajo. Pero no fue suficiente para detener los conflictos. Se produjo un cambio en la opinión general, ya que el apoyo de la gente al IRA y al Sinn Féin disminuyó, pero los radicales estaban decididos a alcanzar su objetivo utilizando la fuerza. En 1992, treinta y seis civiles y treinta y nueve unionistas fueron asesinados. La policía se esforzaba por reprimir la violencia allí donde surgía, pero los lealistas veían esas acciones como una señal de que la policía estaba fomentando el compromiso. Las fricciones entre la RUC y los leales aumentaron, lo que llevó a la disolución y prohibición de la Asociación de Defensa del Ulster en 1992.

El 15 de diciembre de 1993, los primeros ministros John Major (Reino Unido) y Albert Reynolds (Irlanda) emitieron una Declaración conjunta de Downing Street en la que afirmaban que correspondía al pueblo de Irlanda del Norte ejercer su derecho a la autodeterminación y que, si era la voluntad del pueblo, Irlanda del Norte y del Sur se unirían. La declaración otorgaba a todos los habitantes de Irlanda del Norte, independientemente de su postura religiosa o política, el derecho a decidir el destino del país. Tanto el gobierno del Reino Unido como el de la República de Irlanda seguirían buscando un medio constitucional para poner fin a la violencia, e incluso partidos radicales como el Sinn Féin podrían unirse a las conversaciones si abandonaban la violencia. Dado que Londres demostró con la declaración que no tenía ninguna razón ni voluntad de mantener su presencia en Irlanda del Norte, el IRA perdió la razón que justificaba su uso de la violencia. La declaración abrió la puerta para avanzar, y la gente aprovechó la oportunidad.

El presidente de Estados Unidos, William J. Clinton, aprobó un visado para el líder del Sinn Féin, Gerry Adams, que se dedicó a recabar el apoyo de los irlandeses-estadounidenses a la causa republicana. Los británicos se opusieron, ya que el Sinn Féin era un partido radical y pensaban que Clinton lo apoyaba abiertamente. Pero el presidente estadounidense condicionó a Adams, presionándole para que abandonara la política violenta que llevaba hasta ahora. Esta presión se sintió con fuerza incluso en Irlanda, y en agosto de 1994 el IRA aceptó un alto el fuego. El 13 de octubre, una organización paramilitar protestante, el Comando Militar Lealista Combinado, anunció también un alto el fuego. La interrupción de la violencia dio a los gobiernos británico e irlandés la oportunidad de dialogar con grupos radicales como el Partido Democrático del Ulster, el Partido Unionista Progresista y el Sinn Féin. En 1995, los gobiernos británico e irlandés publicaron propuestas de acuerdo constitucional bajo el nombre de *Un nuevo acuerdo marco*. Este documento esbozaba los detalles de la nueva estructura política de Irlanda del Norte, las relaciones entre Irlanda del Norte y del Sur y el grado de participación del Reino Unido.

En 1995, Estados Unidos se comprometió a aumentar su apoyo al Fondo Internacional para Irlanda, y el ex senador George Mitchell fue nombrado embajador especial encargado de tratar el conflicto de Irlanda del Norte. Gerry Adams recibió un visado ilimitado para poder participar en las conversaciones en Washington DC. Pero el gobierno británico anunció que solo continuaría las conversaciones con el Sinn Féin cuando el IRA aceptara retirar sus armas. No obstante, las iniciativas de los distintos gobiernos siguieron adelante, y parecía que todo el mundo estaba ansioso por llegar a una solución a la violencia en Irlanda del Norte. Pero entre la población creció el apoyo al separatismo sectario. Algunos de los políticos incluso mantuvieron el sentimiento de violencia. En 1995, Gerry Adams celebró un mitin de republicanos en el que prometió que el IRA no desaparecería. Ese mismo año, las marchas de la Orden de Orange produjeron estallidos de violencia en Belfast y Portadown.

Cuando, en 1996, el Organismo Internacional de Desarme instó a todas las partes de Irlanda del Norte a abandonar las armas como símbolo de compromiso con los métodos no violentos, el IRA desafió y puso fin al alto el fuego. En febrero y junio, las detonaciones masivas de bombas sacudieron Londres y Manchester. La violencia se reanudó y continuó durante 1997. Los desfiles de la Orden de Orange siguieron provocando la violencia de los católicos amotinados en Portadown. En Belfast, los itinerarios de los desfiles se trazaron de forma que los unionistas marcharan intencionadamente por los barrios católicos y se burlaran de ellos. La violencia durante los desfiles y las marchas de los protestantes llegó a ser tan espantosa que, en 1998, se creó una Comisión de Desfiles de Irlanda del Norte, que tenía el poder de prohibir, desviar o restringir los desfiles de cualquier manera.

En mayo de 1997, en Gran Bretaña, el Partido Laborista ganó bajo el liderazgo del Primer Ministro Tony Blair. También fue elegida la nueva secretaria de Estado para Irlanda del Norte, Marjorie "Mo" Mowlam (1949-2005), y anunció que la entrega de armas ya no detendría las conversaciones entre todos los partidos. Pero para continuar el diálogo e impulsar el acuerdo, el IRA tuvo que restablecer el alto el fuego. El IRA cumplió, y el 9 de septiembre el Sinn Féin se unió a las conversaciones de paz. El otoño y el invierno siguientes fueron testigos de intensas negociaciones a tres niveles: entre Londres y Dublín, Belfast y Dublín, y entre los partidos políticos de Irlanda del Norte. El plazo para completar el acuerdo se fijó en la medianoche del 9 de abril de 1998. El resultado no fue un acuerdo de paz, sino un "Acuerdo de Viernes Santo" (también conocido como Acuerdo de Belfast), un documento de sesenta y cinco páginas con el vehículo de la paz en marcha. Se estableció el marco del nuevo gobierno, pero los partidos políticos también acordaron declarar su compromiso con la no violencia, la colaboración, el respeto mutuo y la igualdad. Se crearon dos nuevos órganos administrativos: el Consejo Ministerial Norte-Sur y el Consejo Británico-Irlandés. Su tarea consistía en consultar al nuevo gobierno sobre cuestiones de importancia regional.

Los puntos centrales del Acuerdo de Viernes Santo fueron la confirmación de que no se podían hacer cambios constitucionales si no eran aprobados por el pueblo, la retirada de las armas de las organizaciones paramilitares, la reconstrucción de la policía norirlandesa y la liberación de todos los presos políticos. El referéndum se celebró tanto en Irlanda del Norte como en Irlanda del Sur para estimar el apoyo de la población al acuerdo. Los resultados mostraron que el sur apoyaba plenamente el acuerdo, y también el norte, pero en menor medida. Irlanda del Norte votó sí al acuerdo en un 71,12%, mientras que en el sur ese porcentaje fue del 94,39.

Las elecciones a la Asamblea de Irlanda del Norte se celebraron el 25 de junio de 1998, y el Partido Unionista del Ulster obtuvo la mayoría con veintiocho escaños. El DUP obtuvo veinte, el SDLP veinticuatro, el Sinn Féin dieciocho y otros partidos más pequeños obtuvieron colectivamente dieciocho. La asamblea se reunió el 1 de julio y eligió a David Trimble como primer ministro designado para el Ejecutivo de Irlanda del Norte, un organismo destinado a aplicar las políticas del Acuerdo de Viernes Santo. John Hume, líder del SDLP, y David Trimble ganaron el Premio Nobel de la Paz en 1998 por sus esfuerzos para llevar la paz a Irlanda del Norte.

Varios meses después de que se aceptara el Acuerdo de Viernes Santo y se creara el Ejecutivo de Irlanda del Norte, se reanudó la violencia. El abandono de las viejas costumbres resultó difícil, y los unionistas bombardearon una casa católica, matando a tres hermanos de entre ocho y diez años. El 15 de agosto, el "IRA

Auténtico" tomó represalias colocando una bomba de cincuenta libras en un coche aparcado cerca de una calle comercial de Omagh. La explosión mató a veintinueve civiles e hirió a unas 200 personas. El Sinn Féin había fracasado claramente en su intento de desmantelar el IRA, y la formación del gobierno fracasó. Pero, en 1999, la Asamblea de Irlanda del Norte entró en sesión, poniendo fin a la década con una paz insegura. Volvió el optimismo, y las partes empezaron a cooperar de nuevo para llevar la paz permanente a Irlanda del Norte.

Conclusión

La Irlanda del siglo XXI se parece muy poco al antiguo país. Hoy, Irlanda disfruta de una de las economías más sanas y ricas del mundo. La población empezó a crecer exponencialmente en 2008, y sigue haciéndolo hasta hoy. El país, cuya historia moderna se definía por la violencia, la pobreza y la emigración, dio el mayor giro en la historia de la civilización europea. Hoy en día, Irlanda atrae a inmigrantes de todo el mundo con la economía más estable de Europa y más allá. Pero la sociedad irlandesa sigue siendo hasta cierto punto conservadora. La Iglesia católica sigue teniendo una gran influencia en la sociedad y la política del país. Sin embargo, existen signos de progreso en todas partes, e incluso la Iglesia ha empezado a aflojar su dominio conservador en la isla.

La Isla Esmeralda sigue dividida: política, religiosa y culturalmente. Los lazos entre Irlanda del Norte, la República de Irlanda y el Reino Unido son complejos aún hoy, pero ya no se centran en la violencia y el odio. Se ha pasado al respeto mutuo, la comprensión y la cooperación. Las recientes perspectivas, tanto económicas como sociales, están aportando a Irlanda nuevas perspectivas que sirven para impulsar al país. La gente ya no se detiene en los conflictos del pasado y está dispuesta a unir sus fuerzas para que su país avance hacia un futuro mejor. Aunque dividida, Irlanda está unida en su espíritu y en su voluntad de prospección. Sin embargo, las tensiones y la violencia siguen produciéndose durante los desfiles protestantes en el Ulster durante el verano. Cada año, la violencia es menor. Las nuevas generaciones están conmocionadas por las hostilidades y están dispuestas a olvidarlas. La opinión popular actual contrasta con la de hace solo veinte o treinta años.

Con el fin de los conflictos en el norte y la expansión de los emigrantes irlandeses por todo el mundo occidental, la Isla Esmeralda se convirtió en un lugar romántico de colinas verdes y onduladas, un paisaje que despierta la imaginación de los muchos turistas que hoy visitan la isla. Los viejos mitos y leyendas se reviven y se vuelven a contar a las nuevas generaciones que, al parecer, son capaces de conectar con sus antepasados, al menos en espíritu. Los irlandeses de todo el mundo celebran el Día de San Patricio, una celebración que poco a poco ha entrado en otras culturas dispuestas a mostrar respeto a esta orgullosa nación. Siguen existiendo algunos malos estereotipos sobre Irlanda, como que los irlandeses son violentos o que toda la isla es atrasada. Pero estos no pueden estar más lejos de la realidad. En el siglo XXI, Irlanda es un ejemplo para todos los países que aún sufren conflictos civiles. Una isla, un país y una nación capaces de salir de la violencia y convertirse en solo veinte años en una de las economías más fuertes de Europa merece que todos le hagamos una respetuosa reverencia.

Vea más libros escritos por Captivating History

HISTORIA DE INGLATERRA

FASCINANTE GUÍA DE LA HISTORIA INGLESA, DESDE LA ANTIGÜEDAD, EL GOBIERNO DE LOS ANGLOSAJONES, LOS VIKINGOS, LOS NORMANDOS Y LOS TUDOR HASTA EL FIN DE LA SEGUNDA GUERRA MUNDIAL

CAPTIVATING HISTORY

Referencias

Crawford, E. Margaret. *Famine: the Irish Experience, 900-1900: Subsistence Crises and Famines in Ireland*. John Donald Publishers, 1989.

Cronin, Michael, and Liam OCallaghan. *A History of Ireland*. Palgrave, Macmillan Education, 2015.

Davin, Anna. *Irish History*. Oxford University Press, 1991.

Fitzhugh, William W., and Elisabeth I. Ward. *Vikings: the North Atlantic Saga*. Smithsonian Institution Press, in Association with the National Museum of Natural History, 2000.

Foster, R. F. *The Oxford History of Ireland*. Oxford University Press, 2001.

Moore, Thomas. *History of Ireland*. Forgotten Books, 2015.

Newman, Peter R. *Companion to Irish History, 1603-1921: From the Submission of Tyrone to Partition*. New York: Facts On File, 1991

Norman, Edward Robert., and Edward Robert Norman. *A History of Modern Ireland (1800-1969)*. Penguin Books, 1973.

Sykes, Bryan, and Bryan Sykes. Saxons, Vikings, and Celts: the Genetic Roots of Britain and Ireland. Norton, 2007.

Thierry, Augustin. History of the Conquest of England by the Normans: Its Causes, and Its Consequences, in England, Scotland, Ireland, and on the Continent. Cambridge University Press, 2011.

www.ingramcontent.com/pod-product-compliance
Lightning Source LLC
LaVergne TN
LVHW012101070526
838200LV00074BA/3883